守护初心 追寻梦想

乡村**全封闭初中学校**管理探究

余耀洪 著

东北师范大学出版社
长 春

图书在版编目（CIP）数据

守护初心　追寻梦想：乡村全封闭初中学校管理探究 / 余耀洪著. — 长春：东北师范大学出版社，2020.10

ISBN 978-7-5681-7257-8

Ⅰ. ①守… Ⅱ. ①余… Ⅲ. ①农村学校－初中－学校管理－研究－中国 Ⅳ. ①G637

中国版本图书馆CIP数据核字（2020）第205076号

□责任编辑：徐小红　　　　□封面设计：言之凿
□责任校对：刘彦妮　张小娅　□责任印制：许　冰

东北师范大学出版社出版发行
长春净月经济开发区金宝街 118 号（邮政编码：130117）
电话：0431-84568115
网址：http://www.nenup.com
北京言之凿文化发展有限公司设计部制版
北京政采印刷服务有限公司印装
北京市中关村科技园区通州园金桥科技产业基地环科中路 17 号（邮编：101102）
2022年6月第1版　2022年6月第1次印刷
幅面尺寸：170mm × 240mm　印张：15.75　字数：261千

定价：45.00元

序 言

PREFACE

源于初心　成就辉煌

（代 序）

2018年，教育系统紧紧围绕“让每一所学校都智慧，每一位老师都幸福，每一位学生都快乐”这一目标，践行“高质量发展”理念，打造好平安校园、书香校园、文明校园三类校园，推进好“职教之城”“书院之乡”“智慧之校”三个项目，编好“立德树人”“特色办学”“精品课堂”三本书，启动“塔尖人才”培养计划，通过“私人订制、自助餐式”的培训，建立了一支有正气、才气、灵气、锐气的后备干部队伍，涌现了一大批苦干实干、巧干善干、说干就干的名校长、名教师、学科带头人，提升了整个教育队伍的素质，为全市教育事业持续健康发展提供人才保障。

台山市武溪中学余耀洪校长就是我市优秀的名校长之一。余耀洪校长是我市“名校长工作室”主持人、“首期苏粤渝优秀中青年校长高级研修班优秀学员”、“台山市第15届人民代表大会积极分子”。1993年7月，他从台山师范学校毕业后就一直奋斗在乡村教育的第一线。2009年5月，他担任台山市武溪中学校长。在他的带领下，武溪中学从最初普普通通的学校逐渐发展为江门地区学生向往、家长肯定、社会赞誉的品牌学校，也成为我市教育工作的一张亮丽名片。

这本文集是余耀洪校长探讨乡村教育改革与创新教学管理经验的智慧结晶，能够为其写一篇序，我深感荣幸。

全国优秀教育工作者李镇西校长曾说过，“做最好的自己”，强调的是自己和自己比，今天的自己和昨天的自己比，不断地超越自己。这不单单是我们教育和鼓励学生的有效举措，更是适合我们每一位教育者的行为准则。余耀洪校长恰恰做到了这一点，他有一双细心观察事物的眼睛，遇见问题善于总结反思，乐于将自己的经验与他人分享，在自己和自己比的过程中不断超越自己。这本文集涉及德育、教学、科研等方面，内容包括摸底知根、制章立规、创新改革、增添活力、轨迹缤纷五大方面。书中最震撼的是余耀洪校长对教育事业的热爱，这种爱源于他的初心，这种爱也成就了他的辉煌。余耀洪校长用朴实的文字把散落在乡村教育改革创新过程中的一个个片段，串成了一套套有根有据、有声有色的教育教学管理策略，字里行间流露出他对教育、人生的诠释与追求，这也是他坚守乡村教育的初心和对梦想的执着追寻。

2019年3月，习近平总书记在京主持召开学校思想政治理论课教师座谈会并发表重要讲话，强调办好思想政治理论课最根本的是要全面贯彻党的教育方针，解决好“培养什么人、怎样培养人、为谁培养人”这个根本问题。这就需要我们每一位教育者因事而化、因时而进、因势而新，推动改革创新，具体落实“立德树人”的根本任务。2019年是深入贯彻落实党的十九大精神的关键之年，是落实全国教育大会精神的开局之年，也是粤港澳大湾区进入实施阶段的重要之年，我无比盼望余耀洪校长的这本书早日问世，也希望余校长执着的教育情怀与创新的管理智慧能够让更多教师有所触动并学以致用，希望所有教育者以高度的责任感和使命感追求“让每一所学校都智慧，每一位老师都幸福，每一位学生都快乐”这一奋斗目标。

教育是美丽的，美在理解，美在机智，美在创新！我将和所有奋斗在教育第一线的工作者一起，“奋力追梦圆梦，办出高质量的人民满意的教育”，团结一致做好教育，力促台山教育事业更上新台阶，争做“有站位、有理念、有情怀、有担当、有作为”的优秀教师！

台山市教育局局长　李石凑

2019年6月

坚守初心——做唤醒灵魂的教育

（自序）

1990年9月，我踏入台山师范学校。三年的中师学习，使自己懂得了教育的力量。我们不仅仅要让每一名学生从学校带走知识和生活技能，更重要的是要点燃孩子们渴求知识的火花，并使它终生不熄地燃烧下去！从1993年7月毕业的那一刻开始，我的人生便与乡村教育结下了不解之缘。我一直保持甘愿奉献的心态，扎根乡村教育，为乡村教育做奉献。这就是我的初心！

从"初生牛犊不怕虎"的懵懂少年到头顶"地中海"的老男孩，我在20世纪初农村教师涌入城市的热潮之中不为所动，在勤勤恳恳、兢兢业业创下成绩，获上级肯定而得到进城机会时不为所动，在条件艰苦、家庭呼唤、孩子需求下仍然未改初衷，在二十多年中始终坚守着唤醒灵魂的乡村教育事业，始终坚守着自己的初心！

有人曾说，校长不只是学校的行政领导，更应该成为学校的精神领袖。一校之长，必须有强烈的事业心、进取心和责任心，兢兢业业地工作，为学校发展制定科学规划。校长应该时刻用"为人师表"来要求自己，默默奉献，从改变环境开始，到一步步改变教师、改革课堂、改进教学、改善评价，想方设法发挥更大的教育作用，这就是我的工作态度和工作表现。乡村教育改革与创新发展是我工作的重点，在武溪中学探索改革与创新道路的九年期间，我们一直秉承"用武溪精神培育现代风采人"的教育理念，在探索乡村教育的道路上，不断思考与实践，将思想转化为行动，坚守初心，明确教育目标，追求梦想，实现了学校的教育创新与发展。

天道酬勤，只要坚守初心，努力耕耘，必有收获。2016—2018年，武溪中学连续三年荣获"江门初中阶段协同教育质量先进学校一等奖"，是台山地区唯一一所连续三年获此殊荣的学校。武溪中学先后荣获广东省安全文明学校、广东省绿色学校、广东省依法治校达标学校、广东省中小学优秀德育科研成果三等奖、广东省电化教学优秀等级学校、广东省侨资办学优秀成果奖、广东省档案综合管理一级单位等省级荣誉称号，同时荣获江门市初中工程建设先进单位、饭堂A级食品安全餐饮服务单位、生态文明示范单位——森林学校、台山市先进学校、文明示范单位、德育工作示范单位、教育系统优秀道德讲堂、初中阶段教育质量先进学校一等奖、教研工作先进单位等市级荣誉称号。我在武溪中学担任校长的九年时间里，武溪中学从最初普普通通的学校发展为当地品牌学校，这是我们全体教师努力的结果，是我们教学改革成功的见证，也是我们的荣耀。我从当初普普通通的校长逐步成长为“台山市名校长”。2019年3月，“余耀洪名校长工作室”正式成立，这是上级对我工作的肯定，也是学校发展史上的大事，更是我追求远大梦想——为乡村教育培育更多更强名校长的动力。

“名校长”到“教育家”的距离很远，我深知自己的“斤两”，也知道达成梦想的机会渺小，但有人说过，一个优秀校长与一个教育家，有多少差距？—— 一个梦想的差距，而现在的我们，缺少的正是梦想。因此，我不能没有梦想，不能没有追求。在追求梦想的过程中，我会不断地自我审视、自我反思、自我完善，努力成为育人者的引路人。我国著名教育家陶行知先生曾说过：“智仁勇三者是中国重要的精神遗产，过去它被认为‘天下之达德’，今天依然不失为个人完满发展之重要指标。”因此，我会坚守初心，为实现成为教育家、助力乡村教育这一梦想，砥砺前行！

台山市武溪中学校长　余耀洪

2019年6月

目 录

CONTENTS

第一篇

摸底知根，使学校保持成长底蕴

第二篇

制章立规，使学校具有成长土壤

第三篇
改革创新，使学校充满成长活力

第四篇
增添活力，使学校充满成长朝气

第五篇

轨迹缤纷，使学校拥有美好回忆

第一篇

摸底知根，使学校保持成长底蕴

每一所学校都有自己的历史文化，一位优秀的领导者必须十分清楚学校的历史渊源、文化底蕴，才能把准学校发展方向，使学校走得更久、更远。

创立办学理念，推动思维共进

一、更新办学理念的背景

目前，从中央到地方均提出特色教育、特色办学。《广东省中长期教育改革和发展规划纲要（2010—2020年）》提出，学校要为学生树立科学的价值观，强调学生的全面发展和适应社会需要，强调学校应办出特色、办出水平；《台山市关于贯彻〈广东省中长期教育改革和发展规划纲要（2010—2020年）〉的实施意见》中也提出推进特色办学以及学校根据侨乡特点和自身实际办出特色的要求。

学校之前提出的办学理念“以人为本、以质立校”，意在强调学生在教育教学中的主体作用与地位，视教学质量为学校的生命线，以教学质量为学校的立足之本。我认为此理念较为合理和准确，但从另一角度看也有两方面的不足：一是未能体现学校的办学特色，包括办学思想、华侨精神、办学底蕴等；二是理念过于普遍，没有学校自身的特点。

二、更新办学理念的依据

1. 政策导向

各级政府、教育部门的发展纲要均提出特色教育要求，这对学校的办学方向是一个非常明确的指引。

2. 发展需求

学校的目标是用3~5年时间建成一所“品学质量优秀、育人环境优雅、教学设施优良、管理机制优善”的台山市优质初级中学。学校发展最需要解决的是思想引领问题，什么样的思想、什么样的理念，就会造就什么样的学校。因此，提出符合学校实际、体现学校特色、得到教师认可的办学理念显得尤为重要。

3. 底蕴浓厚

学校办学虽只有短短的25年，却包含了25年的余氏办学历程及华侨建校精神，更蕴含着一千年前宋朝名贤余靖公爱国爱乡、公正为官的事迹，彰显了他为国捐躯、为民请命的精神，文化底蕴不可谓不浓、不可谓不厚。

三、办学理念的设想与含义

（一）办学理念的设想

办学理念究竟如何确定呢？这个问题困扰了我许久，我最初的设想是"把每个孩子培养成具有武溪精神的现代人才"，但总觉得有欠缺的地方；第二个设想是"用武溪精神培育好每个孩子"，还是觉得不够全面。后来，在与台山一中朱伟申校长的交谈中得到启示，进而提出"用武溪精神培育现代风采人"。该想法虽仍有一定的狭隘性，却也切合实际，同时具有特别的广度和高度，更具备全面性和可操作性。

（二）办学理念的含义

结合学校实际，现对"用武溪精神培育现代风采人"这一理念进行解析。

1. 何为"武溪精神"

"武溪精神"可以从两个层面认识：一是从个体上认识。"武溪"是余氏先贤、宋朝名臣余靖公之号。余靖公一生正直清廉，吏治严肃，所任地方多有政绩。他不畏强权，不仅敢于弹劾权贵，还敢于批评皇帝，就算自己被贬闲居，还向朝廷上书献策，一心热爱国家。余靖公虽是文官，却多次成功抗击契丹入侵，也正因为他为人正直、为官清廉、爱国护家，才得到皇帝的重用、同朝官员的认同、百姓的爱戴。关于他为官的事迹，蔡襄以诗句颂之，"好竭谋猷居帝右，直须风采动朝端"。另外，余靖公还饱览群书、精通经史、长于诗文，生平所作奏章、谏议、寺记、墓志、诗文等非常多，著有文集二十卷、奏议五卷、三史刊误四十卷。二是从整体上认识。武溪中学始办于1985年，在余树泉、余锦、余璞庆、余恺庆、余荣机等宗亲的筹划、倡导下，由香港余氏宗亲会倡办，余风采五堂会、美国和加拿大余风采堂以及世界各余风采堂和名贤达士共同出资2 600多万港元建设而成。微观上看，武溪中学汇集了海内外余氏的力量，解决了余姓子弟的就读问题；宏观上看，武溪中学的建成体现了海外华侨对祖国和家乡的热爱、对教育和人才的重视，也体现了华侨的团结与奉献。

通过从个体上与整体上的认识，“武溪精神”可以理解为余靖公本人的精神，也可以理解为世界余氏宗亲的办学善举，更可以升华为华侨的爱国爱乡情操。简而言之，“武溪精神”代表爱国、勇敢、奉献之精神，正直、诚实、博学之品质。爱国、爱乡、爱民，“仁”也；奉献、诚实，“和”也；博学、好学，“思”也；勇敢、正直，“真”也。因此，武溪精神亦可记为“仁、和、思、真”。

2. 何为“现代风采人”

“现代风采人”也要从两个层面认识，或者说它包含两种意义：一是狭义上的，意指现代的余姓后代。“风采堂”一词在国内外均视为余氏的代号，也是余氏家族荣誉的象征，故“风采人”可表示余姓后代。二是广义上的，指经过学校的培养，初步形成正确的世界观、人生观、价值观，具有终身学习的愿望和能力，掌握适应时代发展需要的基础知识和基本技能，学会收集、判断和处理信息，具有初步的科学与人文素养、环境意识、创新精神与实践能力，具有风度、神采的现代社会主义建设者和接班人。

综上所述，“用武溪精神培育现代风采人”包含两层意思：一是用余靖公的精神培育现代余姓子弟成才；二是用华侨精神把学生培养成具有风度、神采的现代社会主义建设者和接班人。

3. 体会

学校初定“用武溪精神培育现代风采人”这一办学理念，同时进行解析，并向全校81名教师征求意见与建议，共得到建议201条。其中关于如何深化操作的126条，补充完善的65条，提出新理念的2条，产生疑虑的3条，其他5条；赞同理念的共79人，认同度达97.5%。

这一办学理念或许还存在需要补充的其他因素，我们将在以后的办学实施过程中边做边学、边学边改，务求将办学理念完善与优化，务求将全体师生的思想统一在同一目标上，务求将所有力量聚集在一起形成合力，务求将学校打造成台山市优质初级中学。

构建学校特色文化，以文化引领学校发展

历史文化需要为当代教育服务，要对当代中学生人格教育中缺失的环节进行弥补和修复。结合我校历史，抛开时代的局限性，客观合理地认识我省历史名人余靖，从人格方面的源头进行追溯，正确认识先贤在人性方面的可贵品质，针对学校的德育教育打造一套培养当代中学生文化德行的“武溪精神”，避免对传统文化的割裂与遗忘，切合德育教育发展“以人为本”的原则，是体现我国传统教育中人本文化的重要课题。

武溪中学位于广东省江门市台山市，取名“武溪”是为了纪念北宋名臣余靖。台山市素有侨乡之称，武溪中学系香港余氏宗亲会、美国及加拿大余风采堂、香港余尊德堂与海内外余氏宗亲共同捐资2 600多万港元，在广东省江门市台山市白沙镇创办的华侨学校，是一所立足于培养“现代风采人物”、具有深厚文化底蕴的品牌学校。

一、余靖与武溪中学

1. 余靖其人其事

余靖（1000—1064），字安道，号武溪，是出身广东的北宋名臣。官至集贤院学士，长期在广州地区任军事、行政长官，是广东乡贤文化的代表性历史人物。余靖的为人正直体现在三个方面：①关心底层人民的利益，在任职期间多次向宋仁宗建议“轻徭薄赋”；②关心民生建设，为了减少损害民众个人财产多次向宋仁宗提出建议；③维护法制，对于贪污、苛刻的官吏大胆弹劾。余靖与欧阳修、王素、蔡襄同被誉为朝廷的“四谏”，因其建议大多为宋仁宗所接受，而受到舆论的广泛赞扬。

2. 武溪中学“仁、和、思、真”精神

1985年，为纪念余靖爱国爱乡、正直为官的事迹，发扬他为国奉献、为

民请命的精神，学校吸收了余靖身上体现的历史文化精神及其教育意义，并将其贯彻到学校的德育教育、文化教育中。因此，我校注重校园文化的熏陶，并通过言传身教和一些常规评比来促进学生文明习惯的养成。

二、余靖为学校留下的精神遗产

余靖一生的精神财富可概括为“仁（仁爱）、和（和谐）、思（创新）、真（诚实）”，学校以此为“武溪精神”，后辈应牢记、传承并发扬。为振兴宗族的办学历程、华侨建校精神、“润物细无声”的教育作用，无不体现了“武溪精神”，这是贯串我校德育教育的重要内容。

1. 余靖之“仁”——仁爱

余靖深受儒家思想熏陶，在政治生涯中体现了浓厚的泛爱主义、利他主义，时时刻刻以天下百姓的生存权利为己任。他重视安定民心，采用休养生息的方针政策。在主政广东期间，他利用口岸条件改善民生，发挥广东物产丰富的优势，大力招商，建设港口，开展对外贸易，规范市场秩序，促进矿业发展。在任期间他不贪不占，史称“不载南海一物”，为其他官员做出了仁政典范。

2. 余靖之“和”——和谐

抵制社会不良思想、不良现象，净化环境氛围是和谐的基本保障。余靖为范仲淹鸣不平，体现了一种对“善”的赞同与保护；而对人品、行为有污点的夏竦，对欠缺负责能力的张尧佐，对行贿受贿的刘元谕等人的举报、揭露，体现了一种对和谐社会秩序的维护心理，对净化社会风气有客观贡献。此外，余靖不用两分法、二元论观点看待冲突问题，在外交工作中能据理力争，“与辽兴宗反复争辩数十次”，又能以契丹语言作诗赠送辽兴宗表示友好，体现出中正平和的辩证思想。

3. 余靖之“思”——创新

余靖有很强的学习能力，少年时期在广东生活时就因才华出众而闻名乡里，走上政治道路后，在工作岗位上他也不忘继续学习。余靖曾经三次出使契丹，在契丹学会了契丹语，并能用契丹语作诗，这在当时是一种非常罕见的创新能力。此外，余靖有较强的洞察力，在读书过程中发现班固的《汉书》有与事实不符的现象，他不为历史权威所局限，大胆指出错误之处，并担任了《史记》与《后汉书》的校勘工作。

4. 余靖之“真”——诚实

为人诚实是余靖身上所体现的可贵的文化品质。根据《宋史·余靖传》记载，宋真宗末期范仲淹受到政治打压，御史们都不敢替范仲淹说话，余靖勇敢地站出来秉公发表意见：“范仲淹指出大臣的过错而遭到了重责，倘若他的话不合乎陛下的旨意，陛下可听可不听，怎么可以因此定罪呢？陛下自从管理政治以来，屡次流放提意见的官员，只会堵住天下人提意见的渠道，这不可行。”这体现了他实事求是、诚实为人的个人修养与高尚情操。

三、武溪精神与我校德育教育的成效

（一）“仁”与我校学生社会责任感的提升

1. 教学措施

应试教育不再是教学工作的单一目标，学校积极贯彻新教改方针路线，将余靖“为乡里造福，为社会造福”的情怀纳入“武溪精神”校训建设中，与余氏宗族为乡兴教的实际行动相结合，使学生树立心怀天下的人本主义思想，做出“仁”思想在新时代下的社会精神建设的贡献，培养学生的社会责任感，对学生重新进行思想定位。

2. 教学成果

通过德育建设，我校学生对社会上“实用主义”思想的侵蚀现象有了一定的认知，更多学生认识到积极学习、成为社会有用人才是对自己、对社会的一种责任。毕业学生对学校、家乡的认同感明显提升，返校探视、营造社会积极舆论的意愿十分高涨。

（二）“和”与我校学生抵制不良风气的自觉性

1. 教学措施

目前，一些社会上的不良之风有吹进学校的趋势，广东地区的思维模式仍有一些追求功利的现象，勤奋务实的思想遭到一定程度的社会化扭曲，因此学校对“武溪精神”进行深入挖掘，对余靖及其儒家文化思想的内核进行发扬。

2. 教学成果

通过对“武溪精神”的积极传播，我校学生对社会上不良风气的认识进一步提升，能够自觉抵制网吧、台球室等的诱惑，对广东乡下的民间习俗也能够辩证地看待。我校采用封闭式管理，提高了学生的学习专注度，保障了学生的安全。

（三）“思”与我校学生的兴趣爱好培养

1. 教学措施

学校将余靖的求学精神进行思想升华，彰显先贤余靖热爱学习的榜样力量，扩大生源，秉承先祖“造福乡里”的爱国爱乡情操，开放异地求学途径，并由余氏宗族优秀子弟担任生活教师，对学生们进行心理辅导。

2. 教学成果

在我校积极贯彻新教改思想后，学生在学业、爱好上实现了全面发展。同时，我校大力建设信息化教学氛围，引进了一批多媒体、信息机房等现代化设备，拓宽了学生们的社会视野。学生们的兴趣发展方向不断拓展，除了传统的音体美之外，还有计算机科学与互联网技术等，学生们的心理健康得到了保障，个性化人格中有益的部分得到了塑造。

（四）“真”与我校学生价值观塑造

1. 教学措施

在新教改模式下，我校对思想德育进行改革，保障学生们的心理健康发展，防止学生在社会反例的影响下走向极端，鼓励学生建立真、善、美的价值取向，并通过加强学生会建设，鼓励学生们正确理解与辩证看待价值观。

2. 教学成果

在我校加强心理教辅后，学生们基本正确树立了正确的个人价值观，意识到当今社会上走捷径、投机钻营是错误思想，余靖以及诸多名人之所以成功，是因为个人知识、技能积累和道德思想建设的结合。学生们通过对榜样的学习，学会了辩证地思考社会问题。

四、结语

武溪精神是余氏祖先留给广东地区的精神财富，是对思想、人格完善的一种追求，是人性的基本面。我校的终极目标就是使这一精神财富在社会上发扬光大。目前，我校拟将武溪精神落实为具体可见的校训、规范，将来我校还计划加强心理教育建设并逐步内化为学生素质，使武溪精神成为学生们的心理需求，使武溪精神与时俱进，促进学生为宗族、地区、国家做出更大的贡献。

参考文献

[1] 袁怀敏.让“礼”文化在校园熠熠生辉[J].教育，2019（10）：48.

[2] 广州市南沙万顷沙中学.深化内涵发展　全力打造品牌学校[J].教育导刊，2009（9）：72.

[3] 夏心军.校本教研：学校内涵发展的理性抉择[J].教育理论与实践，2010（26）：8-10.

摸清师底，筑起学校成长基石

教师是学校最为重要的资本，校长若不注重此资本的运作，不利用这一资本，必将失败。我们想要在学校的发展中置自己于不败之地，必须对教师进行调查摸底，将所有教师情况收入校长的管理囊中。

一、年轻成为激起我前进的动力

2010年到任武溪中学的时候，全校教师的平均年龄只有32.5岁，这一发现，足以让我欢喜万分、激动不已。因为我刚从北陡中心小学转来，当时北陡中心小学教师的平均年龄为48岁。北陡中心小学的蔡校长对我说："我们的老师病不得啊，如果有一个老师病了，学校的运作就麻烦大了。所以，我不敢得罪老师，老师下课了，我就泡好茶，端过去跟他说，'陈老师，休息一下吧'，因为他已经上了两节课，还要上第三节。你看，老师一病，谁来代课？每个老师的任务都这么重，只能由我这个校长来了。如果老师真病还说得过去，都是接近退休年龄的人啊，校长若批评一下，心里不爽，来个两三天的病假，麻烦就大了！"所以，我那时候下乡到各小学，从不批评校长，更不会批评教师，都是主动伸手过去："老师，辛苦了！"因此，我在北陡有个外号——"握手校长"，我一点儿也不反感这个外号，反而觉得这个外号较为亲切。北陡的经历让人回味，更让人唏嘘。2007年12月11日到达北陡工作，激情有了，外部力量有了，思维也有了，干部也支持，唯独没有师资的支持，所以，北陡教育连续多年排在台山之"首"。

教师平均年龄相差近16岁，可想而知武溪的师资力量是多么吸引人。当我面对着这帮同事的时候，心里除了激动与欢喜之外，更多的感觉是："武溪有希望了！"因为，我经历了年龄老化带来的切身之痛，从而感受到年龄对教育的重要性。这可能是因为目前的教育体制问题吧。我们目前的教育体制只有鼓励，没有制约，就算是有制约也仅是纸上谈兵而没有落到实处，赋予校长的权力特别小，如评价教师、调动教师等。

二、年轻成为学校发展的阻力

“年轻”的含义除了指年龄小之外，还指资历浅、经验少。所以，教师年轻既是学校发展前进的动力，也是学校发展前进的阻力。就像一辆新车，要经过磨合才能达到最佳的使用状态。

2010年8月，学校由6个班扩大到10个班，教师一年内多了10位，由原来的65名增加到75名，35岁以下的教师达到38位之多，而30岁以下的教师也有18位，这样的结构明显不合理。这么年轻的队伍，也真成为我的难题。

三、新校长，筑基石

潜入心灵深处，促成发展合力。校长要想管理学校，必须了解教师、掌握教师、运用教师，这对于一位新校长而言，这一点更为迫切。如何了解？了解什么？掌握什么？

1. 深入与行政领导交流

行政领导站在学校的角度、管理者的地位思考问题，所掌握的问题与情况与校长的需求较为接近。在武溪中学走马上任的第一天，我就找到负责教学工作的副校长了解教学情况，他对学校教学状况的了解还是较为深刻的，讲起来头头是道。但第一次聊，他还是有较多的保留。这一点，我是知道的，只不过，作为新校长，我要让行政领导知道，让教师们知道，校长找的第一个人就是负责教学工作的副校长，校长是重视教学工作的。这一信息传递很重要，毕竟对于学校来说，教学工作是学校的生命线，校长若掌握不了这条生命线，就无法把控学校的健康发展。所以，在教学管理上，校长必须了解学校的教学成绩、教学现状、教师教学基本情况等。第二位找的是负责德育工作的副校长。德育副校长是必谈之人，因为他与学校的校风息息相关。当时，负责德育工作的领导对学校德育工作怀着抱怨的态度，认为学校德育无特色、班主任队伍管理跟不上、其他处室根本不配合德育工作的开展、校风学风比同类学校差（当时全市将学校分为A1、A2、B1、B2、C1、C2几类进行管理，武溪中学被列为B1类学校）。说真的，当时他说话时充满紧张与不满。第三位找的是级长。级长在学校的地位极其重要，他影响着一个年级几十位教师的工作积极性，也左右着整个年级的教育教学质量。我向级长了解了学校的德育工作开展情况、班主任工作的困难、班主任的期望、级长的工作开展情况、需要校长配合什么等。

在与各领导谈话当中，我认为最不需要谈话的是总务主任和总务处的工作人员。若校长过度关心学校财务问题，会让教师产生一种错觉——“校长很注重财务”，甚至是“校长是私利很重的人”。这会给校长的工作带来不小的麻烦，以致日后要花大力气才能改变校长在教师心目中的形象。

2. 真诚与教师促膝长谈

校长要掌握基本情况，可以向行政领导了解，而想深入了解学校的真实情况，就必须向教师了解。聊天是一种手段，更是一种艺术。无论哪种方法、哪种手段，我认为都离不开“真诚”。将校长的真诚表现出来，那么教师肯定会聊得深入。我如何做？第一步，与教师生活在一起、玩在一起。学校生活是多样的，也是多彩的，校长要融入学校生活当中。例如，教师饭堂，校长有无搞特权，单独开小灶呢？这点非常重要，因为不少校长都要在吃饭当中做“自己”的文章。武溪饭堂就有个小插曲：2010年的时候，在饭堂就餐的教师只有10人，教师对饭堂的环境和饭菜质量意见非常大，我听到后，立即在教师例会上宣布：“饭堂安装空调，饭菜质量提升，我与你们一起吃。”当我宣布完后，教师们热烈地鼓掌，那是自发、兴奋、期待的掌声。后来，一周内，我安排总务的工作人员把我的承诺全部兑现，并且坚持与教师们一起吃饭。第二步，与教师拉家常，随便谈谈工作和生活。校长与教师拉家常，许多时候会让教师放松心情，教师在校长的嘘寒问暖中不知不觉掉进“陷阱”，任由校长“宰割”。其实，这只是一种谈话艺术而已，但会让教师开心愉快地接受校长的“询问”，校长就会得到自己想要的东西。第三步，解决教师的热点需求。所谓热点需求，就是教师的集中性需求。例如，2010年我刚到武溪中学时，教师的热点需求就是办公室安装洗手盆和改善饭堂环境、提升饭菜质量两项。解决他们的需求一点难度都没有，我也不明白以前的校长为什么不做。第一个月我即承诺学期内完成，并付诸行动，获取教师的信任，这样，在以后的聊天中就有很好的话题切入点，也容易与教师拉近距离。第四步，给予教师小恩惠。作为校长，给予教师小恩惠也是极其重要的，若校长大意对待教师的这些小恩惠，总认为这些小恩惠可以忽略不计的话，那么肯定会“大意失荆州”。我到任武溪中学第一个月，就开展了“四个一工程”，名字听起来非常高大上，其实工作难度很小。所谓“四个一工程”，就是“一朵鲜花、一件礼品、一声祝福、一份心意”，每人100元预算，当时全校67人，一共才6700元，费用真的不高，但意义很大。此办法一推行，全校沸腾，得到祝福的教师都向我表示感谢！一点小小的恩惠足以让教师感受到校长是真心为教师的，直接把教师拉到了校长的身边，使校长开展工作相对容易。

3. 用心与职工把臂而谈

一所学校，人员较多，校长除了重视行政领导、班主任、科任教师之外，有一部分人，校长也是千万不能忽视的，那就是学校的职工。校长若忽视他们，不理会他们的意见与建议，甚至对他们视若无睹，那么，想把学校办好真的是一句空话。

刚到学校，除了找教师聊天，有时候我也到校园找花匠聊天，与他聊聊工作环境、工资问题、家庭情况等。想不到的是，他竟然对我说：“校长，可以向你提个建议吗？”我非常惊喜地望着他：“好啊，请说！”“学校的绿化很多，也很好，但也只是多，没有美，我很想把它们修剪好，却苦于没有水平。可否请个专家回来教教我呢？”天啊，他只是学校的一个花匠，在许多人的眼中，他只是临时工而已，想不到他的进步欲望竟然这么强，为学校着想的心思竟然这么细致，让我非常感动！

第二篇

制章立规，使学校具有成长土壤

规划就是目标，就是理想。学校必须要有规划，并按规划实施，以达到事半功倍的效果。我们追求着行政规划、学校规划、教师职业规划等，促使学校一步一步往前走。

“无规矩不成方圆”，任何国家与社会都离不开制度，离开了制度就会天下大乱。制度是一种强制力、约束力，更是一种文化力、道德力与精神力。每所学校追求的制度方向均不同，而我们追求“刚性与柔性并济，柔性大于刚性”的执行意志，志在打造公平公正、学校所有同事认可的制度，促使制度成为学校成长的优良土壤。

推行“三层四线”管理

一、背景意义

学校在礼仪、管理、教学、设备、氛围等方面有了长足的发展，但离成为“品学优秀，环境优雅，设备优良，管理优善”的台山市优质学校还很远，主要原因在于学校整体执行力不强，导致许多政策、工作未能快速有效地实施、完成。所以，从本学期开始着重改善管理体制，提升管理效率，推进学校发展。

二、总体构思

层线结合，纵横共融——层为主，线为辅；线主导，层配合。

三、主要设想

层级管理，分线负责；纵向到点，横向到面；分工合作，和谐共处。

四、重点要求

合作重于竞争，责任大于能力。

五、具体措施

（一）理顺机构，重振核心作用

首先，层是指学校的组织机构。具体分为决策层、管理层、执行层。决策层为行政会（或校长会），管理层由副校长、处室正副级领导和级长组成（含其他领导），执行层由级长、备课组长和教师组成。在整体组织机构指导下，还以年级为单位形成七年级、八年级、九年级三层，各由主管

（抓级）领导、级长、跟级领导、教师组成。

其次，线是指按性质对学校工作分类管理，具体分为教学线、政工线、后勤线、党侨线。教学线由教学副校长、教导处、教研组长、备课组长、科任教师组成；政工线由政工主管领导、德育处、级长、班主任、科任教师、教官、门卫组成；后勤线由后勤主管领导、总务处、班主任、厨工、花匠、水电工、清洁工组成；党侨线由党支部书记、副校长、党员组成。

（二）明确职任，提高责任意识

1. 明确责任

教学线主管领导为陈锦庄副校长，其负责教导处，为教导处第一责任人；陈金锐为教导处直接责任人；李叠玲为教导处第二责任人。

政工线主管领导为伍兆斌副书记，负责德育处、办公室，为两处室第一责任人；黄惠娥为德育处直接责任人；黄慧铭为德育处第二责任人；陈超科为办公室第二责任人。

后勤线主管领导为黄秀庭主任，负责总务处，为总务处第一责任人。

党侨线主管领导为余德亮书记，负责党支部。

七年级抓级领导刘艳闲副校长为第一责任人，级长黄现娥为直接责任人；八年级抓级领导陈锦庄为第一责任人，黄羡慕级长为直接责任人；九年级抓级领导伍兆斌副书记为第一责任人，马镜仪为直接责任人，其他相应领导为第二责任人。

值日组长为当天学校管理直接责任人，负责组织、召集、督促领导、教师做好值班工作，负责监管、记录师生当天发生的不良记录，为当天突发事件的首问负责人。

一旦出现工作不到位、不完成的情况，校长将追究主管（抓级）领导、值日组长的责任。

2. 工作重点

（1）教学线：①强化课堂管理；②继续推进高效课堂的研究；③集体备课制度的完善与执行；④加强中考的备考，完成中考目标。

（2）政工线：①深入推行礼仪教育，逐步完成具有武溪特色的礼仪教育体系；②探究全封闭式的宿舍管理模式；③推进第二课堂；④加强安全与保卫工作；⑤做好宣传与协调工作；⑥各类制度的完善与实施。

（3）后勤线：①推进学校信息化建设；②加强食品安全管理；③逐步完

善饭堂管理；④建设节约型学校；⑤抓好卫生保洁工作。

（4）党侨线：①发挥党员先进性作用；②抓好协调工作；③争取宗亲的最大支持。

（三）放权放手，激发工作热情

主管（抓级）领导有权对本线（级）的工作做出任何决策；处室（级）负责人以及其他工作负责人在不违背学校政策、方向、目标的情况下应大胆、勇敢地开展工作。

处室分工由主管领导具体安排并负责督促、检查、落实；主管（抓级）领导负责级内工作的督促、检查、落实。

本线（级）内工作应向主管（抓级）领导汇报，直接责任人负责管理管辖范围内的所有工作，第二责任人以及其他工作负责人向上一级或主管领导负责。

（四）主动作为

学校倡导的是“责任大于能力”，工作好与差主要因素不在于工作能力，关键还是看责任心如何，只要每位领导的责任心都达到100%，那么工作肯定不会是80%。因此，学校要求：主管（抓级）领导必须亲自带领本线（级）领导积极施行学校的决策；主动思考本线（级）的工作，以文字形式提交建议方案；主管（抓级）领导要深入前线做好管理、指挥工作，不能靠后工作，如集会，主管（抓级）领导要督促跟级领导、副班主任协助班主任做好学生的管理、整顿工作；主管（抓级）领导每天要巡堂两次以上，并做好师生积极与不良的记录；主管（抓级）领导还要深入听取处室同事、教师的意见建议，整理后提交学校行政会讨论，逐步形成民主治校氛围。

（五）通力合作

一所学校的竞争力如何，不在于学校有多少个高级教师、有多少个本科教师、有多少个300分以上的学生，而是在于学校领导团队的合作意识有多强、教师的合作精神有多高。学校将工作分派到每位领导的肩上，做到每项工作、每年级都有主管（抓级）领导以及具体负责人。因此，学校要求每位领导必须抛开私人情结，以大局为重，除了在规定时间内完成本职工作外，还应主动协助其他线（级）的工作，保证不出现推诿现象，属于本线、本级、本职、当值工作的，绝不能未经处理就抛给别人甚至是置之不理。线内、线间、级内、级间的工作矛盾不能置于私人情感中，可摆至会议上讨论解决。

（六）会议要求

1. 行政扩大会

逢单周四召开，校长主持，各处室正职、级长汇报工作（检讨近期工作，提出下期工作设想），每人5分钟内。

2. 线工作会

逢双周四召开，主管领导主持，主要内容为检讨本线（级）近期工作，提出下期工作设想；研究本线（级）工作；讨论主管领导提议的方案。

3. 级工作会

每学期第4周的、8周的、12周的、16周的周五举行，主管（抓级）领导主持，主要内容为检讨本线（级）工作中存在的问题，提出下期整改措施及工作设想。

4. 教师工作会

分单双周：单周五举行教师业务提升会，由陈锦庄副校长主持；双周五举行教师政治修养提升会，由余耀洪校长或伍兆斌副书记主持。

5. 行政会（校长会）

根据学校需要不定期召开。

（七）其他说明

本工作设想还处于初级阶段，任何领导在实施过程中有不明或感觉政策不畅的可向余耀洪校长反映或提出建议。

学校封闭式管理的“制度德行”分析

封闭式管理以制度为基础，自应用后受到社会好评，但随着逐步深入，一些弊端也显露出来，形成了一定范围内的社会舆论。从表面上来看，学生从早上入学到晚上放学为止，未经校方批准禁止离校，有的甚至只有周末才能离校，是一种准军事化管理，但对于中学生来说，又有违“以人为本”的新课改方针。因此本文从优势及劣势两方面探讨制度德行的界限并指出一些对策，为封闭式管理的制度德行探索出一条可行的弹性管理方式，以资广大教育界人士借鉴。

封闭式管理最大的优势就是通过大的学习量提高学生的学习成绩，但目前农村学校的封闭式管理越来越流于形式，这不能不让广大教育工作者深思。近几年来，一些学校以封闭式管理为名强迫学生在校就餐、寄宿以牟取利益，由此可以看出，制度德行首先要自洽，其次才是客观合理，避免“非理性”制度产生并实施。制度需要为教育服务，要对德行中的劣根性进行弥补和修复，而不能使学生成为封闭式管理的受害者。

一、德行与制度德行

1. 德行的概念

“德行”是一个人人格方面的源头性概念，简而言之，就是指人的道德品性。针对学校教育来说，长期以来道德品性是通过教育和舆论来实现的，教育追求“德行”是以学生个体人格的安全发展为目标的，德行教育发展的前提是“以人为本”，是我国的传统教育中“人本文化”的体现。

2. 制度德行的概念

“制度德行”相较德行而言是个下位概念，它着重从强制性的角度来保证“德行”的实现，是通过律条和规范来实现的。对于学校教育而言，学生是“制度德行”相关的起点与目的，“制度德行”对于学生是普适的，是为了创造学生集体实现“德行”的必要外在环境。制度德行可以弥补个性化心理中冲动的、非理性的一面，合理运用制度能够保证德行教育在中学生心理发展方面的扶持、制约。

二、学校发挥封闭式管理制度德行优势的具体措施

关于封闭式学校利弊的研究不能脱离制度德行范畴。我校是一所基础薄弱的乡村中学，采取封闭式制度管理后，学生的成绩有所提升，取得了一定的社会效益，也得到多数学生家长的支持。从教学经验上来看，封闭式管理的模式主要有以下几方面的优点。

1. 培养互动习惯，促进学生独立

农村学生大多独立性较强，但合作精神比城市学生差，封闭式管理有助于培养学生间的情感，磨炼学生的意志。

近年，农村学生家务动手能力有下降趋势，我校采取封闭式管理后学生一星期回一次家，在校期间住宿的事情必须独立承担，学生生活自理能力不断提高。

2. 增加学习时间，提高学业成绩

在校学生不得随意走出校园，减少了网吧、台球室等场所对学生学习时间的占用，学生的学习时间宽裕，教师指导时长较长，讲解、训练的频率较高，学生的基础知识掌握牢固，学习成绩逐年提升，学校因此连续三年荣获“江门市初中阶段协同教育质量先进学校一等奖”。

3. 保证学生安全，减少家长忧虑

农村中学生源不局限于所在地，异地求学的学生安全应得到保障。多数家长为农业人口，对学生的再教育和帮扶作用不显著，特别是外出务工的，其子女等同于留守儿童。为使家长免除后顾之忧，我校采取封闭式管理，减少学生外出机会，并辅以生活教师进行照顾，学生学习、生活环境相对安定。

三、学校化解封闭式管理制度德行劣势

就学校目前获得的经验来看，封闭式管理体现出一定的需求不对称问题。对于学生家长来说，学生舒适的学习环境符合家长们的期望；对于校方来说，在应试方面学生确实提高了一定的成绩。在目前社会日益信息化、学生个

性化需求萌生的前提下，学校对封闭式管理做出了相应的制度调整。

1. 促进学生思想社会化

中学阶段是学生认识社会、适应社会的关键时期。为改变我校学生目前以学习为主、生活内容单一的现象，我校利用节假日组织学生积极参加农村地区的社会实践活动，接触日常生活，缓解学生的信息闭塞问题，对学生健康人格的形成起到了积极作用。

2. 适当降低学习时间，提高效率

我校目前课程设置为白天8节课加一个小时早晚读，晚自习2小时，每天教学时间约10小时且持续时间长，作业量大，课堂效率不高，学生的自由时间较少而且零散，不利于心理状态的恢复。学校为贯彻新课程改革思想，将传统课堂大量运用的讲授法、练习法改革为自主学习法、分组学习法，提高了课堂效率，增加了课程的趣味性，学生们的学习主动性有所提高，一定程度上化解了心理压抑现象。

3. 加强学生的心理教辅工作

封闭式管理与学生个性化需求冲突的问题已经引起我校领导的注意。为宣泄学生的过剩精力，减少学生抽烟喝酒现象，预防学生心理扭曲而产生厌学的隐患，我校提高了对生活教师的教辅工作要求。生活教师对住校学生要进行限定课时的心理疏导工作，以代替一部分课余时间的学生活动组织。经过一段时间的观察，学生不愿返校、长期不归现象明显减少。目前我校受经济条件制约较大，教学设备方面信息化程度不足，拟通过向教委申请资金扶持加以改善。

4. 不利于学生创新能力的培养

封闭式管理有碍学生求知欲的发展。自新课改以来，应试教育不再是教学工作的单一目标，同时，新课改也对学生重新进行了角色定位，但目前家长、教师的思维模式仍有一定的固化现象。校园生活不丰富，导致学生个人爱好不突出。学生们得不到思想上的有效引导和教学内容的扩展，课余知识仍然很少，思维倾向于务实模式，缺乏创造性思想。

四、学校封闭式管理制度德行综合设计

在新课改模式下，封闭式管理有必要本着新课改思想而进行改革，最大目的就是保障学生们的心理健康发展，防止学生在压抑环境下走向心理极端。在封闭式管理的制度改革前提下，我校还计划进一步实施以下方面的对策。

1. 强化制度性的人本建设

引进高效课堂建设，提高教学的有效性和课堂吸引力，同时适当增加学生课余活动时间；改善学校食堂条件，改善口味，均衡营养，弱化学生吃住在学校的不适应因素；增加课外活动时间。

2. 丰富校园生活，加强学生会建设

学校的封闭式管理一直以来都是学生、家长和社会关注的焦点，增强课外教学实践是每个学生的权利。学校应适当开展由校方组织的社会实践活动，同时，鼓励学生进行适当强度的体育锻炼，在音体美教研组增加一批体育器材。

学生会分摊部分组织职能，以教学评价系统为鼓励措施，刺激学生会主动组织、举办校内课外活动，引导学生的兴趣发展。

3. 增加一批信息化设备

学校申请更新一批信息化教学设备，如多媒体设备、电子信息机房等，这些能够增加课堂趣味，同时丰富学生的视野，降低枯燥、单一的学习环境对学生个性的压制，对封闭式管理制度进行补充与完善，对学生的个性化心理需求进行正向引导，在健康的审美与思想下，培养学生个性化人格中有益的部分。

五、结语

根据教学经验来看，围墙是拦不住学生的。提高升学率固然是城市化的要求，而且能加强学生的自制意识，但学生的心理需求是不能被忽视的，它造成的逆反心理对学生的一生都会产生影响，因此学校的封闭式管理也要与时俱进，克服消极面，要促进学生全面发展，淡化以平均分、升学率为主导的教学评价指标，改善学校物资管理条件，增加学生自由支配时间，丰富校园活动，创造条件让学生接触、了解社会。

参考文献

[1] 严从根.合法律性追求与合法性追求——两种教育改革取向间的冲突及消解策略［J］.教育科学研究，2010（7）：10-13.

[2] 陈学军.对封闭式学校管理的冷思考［J］.当代教育科学，2004（18）：19-21.

[3] 高兆明.制度伦理与制度“善”［J］.中国社会科学，2007（6）：41-52.

武溪中学三年发展规划（2010—2013年）

目前，在台山市全力投入创建教育强市、大兴“初中教育质量建设工程”的形势下，学校既有机遇又有挑战。因此，我们必须抓住机遇，迎接挑战，树立科学的发展观，实现教育创新，达到协调发展、可持续发展和人的全面发展三位一体，实现规模、质量、品牌的统一。在系统研究分析了学校原有基础、面临环境、发展优势和制约因素等，经过可行性论证后，现制定2010—2013年三年发展规划。

第一部分　背景分析

武溪中学创办于1985年，由香港余氏宗亲会、余风采五堂会以及美国、加拿大等风采堂和海内外余氏宗亲共同捐资2 600多万港元兴建而成。学校坐落于台山、开平两市交界的白沙镇支路口，远离城区和闹市，交通便利，环境幽雅，是读书生活俱佳的场所。学校拥有教学楼2座，科学楼、电化教学楼、图书馆各1座，套间式学生宿舍楼4幢，教师生活楼3幢，生活综合楼1幢，体育馆1座，400米标准运动场1个，其他功能场室齐备。现有教职员工70人，学生1 050人。学校自开办以来，余氏宗亲不遗余力协助学校发展；全校教职工发扬敬业奉献、艰苦创业、自信自强、开拓奋进的精神，埋头苦干、扎实工作，使得学校各方面工作进展顺利，环境日渐优化，基础日益坚实，教学质量逐年提高，赢得了较高的社会声誉，呈现出良好的发展态势。学校先后获得“台山市先进学校”“江门市初中工程建设先进单位”“广东省绿色学校”“广东省侨资办学优秀成果奖”等荣誉称号。

制约学校发展的主要因素：

（1）管理制度还不够完善，管理形式和方法还较单一，管理效率还不够高。

（2）教师的思想观念、师德修养、业务水平、教科研能力与现代教育发展的要求、家长追求优质教育的期望尚有差距。

（3）教育投入未能满足学校发展的需要；教学经费不足，尚有欠债。

第二部分 总体目标

我校在今后的发展中，树立鲜明的办学理念：以现代教育培养现代适用人才。我校将彻底改善校风、学风、教风，全面贯彻国家教育方针，在不断为高一级学校输送优秀人才的前提下，追求每个学生的全面发展和健康成长，培养学生适应现代社会需求的基本素质。

学校力求全体教职员工以全新的教育教学观念投入工作，教育教学质量的各项指标全部达到台山市标准，大部分达到江门市一级学校标准，少部分接近或达到省一级学校标准。学校争取在校园建设、文化氛围、自学自治、体育活动、特色教学等方面迈上新台阶，力争建成教学环境一流、教学设施一流、教学管理一流、教师队伍一流、教学质量一流的台山市名校，成为江门地区以及华侨中影响较大的优质初级中学。

第三部分 分类目标

（一）校园文化

1. 筹建余靖公铜像（约需8万元）

武溪中学以余靖公之号“武溪”命名，校内应择地建其铜像，以供全体师生瞻仰，并以余靖公之事迹教育、勉励师生努力工作和学习。

2. 筹建校园文化廊

在校园内分区、分类建设各种文化廊。

（1）兴学育才廊（约需3万元）：重点介绍余氏宗亲会、各堂会、德高望重的宗亲、首长等的兴学之善举。

（2）思想品德廊（约需3万元）：重点宣传未成年人思想道德建设的政策法规及名言警句，以教育未成年人养成健康、文明、积极向上的学习生活习惯，培育良好的道德情操。

（3）书香品味廊（约需3万元）：节选余靖公诗文、余氏宗亲题词、国内外著名诗画等，以陶冶学生情操。

（4）师生风采廊（约需3万元）：将在工作、学习、纪律当中表现突出的教师、学生标示出来，发挥其典型示范作用。

（5）班务展示廊（约需2万元）：各班的学习、纪律、仪表的综合评比等。

（二）办学规模

2010年秋季起，学校新招初一10个班，学生人数达到560人，学校总班数为23个班，总人数达到1 200人。

2011年秋季起，学校新招初一10个班以上，学生人数达到560人，学校总班数为28个班以上，总人数达到1 500人。

2012年秋季起，学校新招初一10个班以上，学生人数达到560人，学校总班数为30个班以上，总人数达到1 800人。

（三）校园建设

1. 校园围墙（约需90万元）

目前，随着全国各地校园暴力事件的发生，学校安全压力不断增加，全体师生的人身安全受到了严重威胁。而学校现有围墙120米，只占了武溪校界的5%，还有970米未建有围墙，给学校管理带来了很大的压力。学校争取在三年内将围墙建设好，实现真真正正的“全封闭管理”，提高管理效能。

2. 学生宿舍（约需180万元）

学校目前共有学生宿舍4幢，其中2幢女学生宿舍，2幢男学生宿舍，最多容纳1 500人住宿，不能满足发展的需要，力争再建一幢可容纳500人以上的宿舍。

3. 主题广场（约需40万元）

利用“余风采五堂会教学楼”前的空地建设一个以“风采”为主题的文化广场，增加学生文娱活动场所，增添余氏“风采”精神的教育阵地。

4. 完善厨房设施（约需14万元）

维修充实厨房设施；改善教师就餐环境；增添学生用餐席位和餐具摆放位，建设学生洗碗池等。

5. 旧教学楼维护（约需15万元）

旧教学楼建成至今已20多年，有许多地方出现脱落的现象，需要维护。

6. 用电线路更换（约需20万元）

教师生活楼、旧教学楼、实验室等楼宇用电线路用料均以铝为主，不适应现在学校的发展。

7. 男生宿舍维修（需13万元）

改善学生居住环境，对宿舍进行维修。

8. 各教学楼、宿舍楼防热处理（约需30万元）

改善学生的住宿和学习环境。

（四）教育教学设施设备

按国家教委编制的项目配备标准，学校现有图书馆、实验室及其他配套场室的建设已达一类标准，常规教学仪器设备和电教设备尚属二类标准，到2013年要达到一类水准。

力争增加：

课室电教平台24个（需要47万元）；

教师电脑50台（需要17万元）；

常规教学仪器；

学生广播设备一套（需2万元）；

图书2万册（约需20万元）；

办公室激光打印机9台（约需3万元）；

专业美术室4个（约需16万元）。

（五）师资队伍

1. 领导班子

校长必须做到教职员工的表率，必须具有现代教育的宏观意识及微观管理的调控能力，其德、能、勤、绩每年应由党支部、教代会、上级主管部门以及余氏宗亲会考核评议，任期届满后，由上级、教代会以及余氏宗亲会决定罢免或连任。

学校实行校长负责制，内部实行层次管理，领导成员做到责、权、绩、利结合。

其余党政工团妇领导班子成员，必须具有较强的改革精神及民主意识和较高的群众基础，廉洁奉公，团结协作，工作扎实，有较强的业务能力。

所有干部必须掌握常规电化教学手段，学会熟练地操作电脑，对所负责的工作能实施电脑管理；担任本专业的部分课程，并能结合教学实际写出镇级以上的教学论文。

2. 教师队伍

教育大计，教师为本。一所学校的发展，关键是教师，一所学校优质的教学成果首先来自优秀教师的素质，一所学校要持续不断迸发活力和生命力，更是来自教师满腔热情的高质量的奉献。建设一支高素质的教师队伍，集聚一批高素质的创造性人才是当前乃至于永恒的一项根本性任务。因此，学校在今后三年内全力打造一支特别讲团结、特别能奉献、特别有素质、特别有水准的高质量教师队伍，不仅在数量上有突破，更重要的是在质量上有大的提升。

所有教职员工必须具有爱国思想，立志从教，有良好的师德，有牢固的专业基础，热爱学校，关心、尊重学生，教书育人。所有教职员工必须学习掌握现代化教育理论，树立素质教育的观念，自觉改进教学方法，增大课堂容量，教会学生学习和选择的能力，探索走轻负担、高质量的道路；教师需有较高的业务能力；全体教职工能掌握电脑，掌握电化教学设备，并能设计、制作和使用课件、电化资料；任课教师能结合教育教学法和工作实际进行科学研究，每年至少有一篇论文在镇级以上出版刊物上发表，有10%的教师能在市级以上的出版刊物上发表文章；学科带头人能独立完成或指导其他人员完成上级下达的专题教育科研任务。

学校将重点培养教育教学优秀者，从中选拔干部，并选派优秀教师到国内优秀学校进修学习。

学校力争与香港风采中学结成“姊妹”学校，组织教师分期分批到香港风采中学进修学习，以提高学校管理水平及教师教育教学认识。

（六）教育质量

1. 总体目标

根据培养人才要超前于社会经济发展的战略，按照当地正处于从农村到城市一体化过渡的社会环境，结合侨乡显著的传统人文特点，学校培养学生的总体目标是：全面推进素质教育，全面贯彻党的教育方针，以提高国民素质为根本宗旨，以培养学生的创新精神和实践能力为重点，造就“有理想、有道德、有文化、有纪律”的德智体美劳全面发展的社会主义建设者和接班人。

2. 主要指标

（1）德育。培养学生良好的卫生习惯和环保意识，课室、宿舍、食堂、公共场所整齐、清洁、有美感；养成良好公德意识和人际关系；初步形成公平的竞争观念，不贪小便宜，不作弊，靠实力和谋略取胜。在做合格中学生和合格公民的基础上，共青团员培养率达80%；学校学生保有率达到99.3%，非正常流失率控制在0.5%以下；学生犯罪率为零，违纪率控制在3%以下。

（2）智育。培养学习兴趣、自觉性和自信心，使学生养成对学科的持久兴趣和有目的、有耐力的学习态度；培养学生学会系统的、有条不紊的、踏踏实实的学习习惯；培养学生善于观察、善于发问、善于探索的钻研精神。

学生优秀率保持在98%以上，优良率达到50%，低分率控制在6%以下，教学综合数值达到市优良等级。进入高一级学校就读的学生达到上级要求。

（3）体育卫生。学生身体素质各项指标均值达到或超过台山市水平，体育达标率99%以上，其中优秀率60%以上；入学视力递减率得到严格控制；学生养成良好的卫生习惯；学生心理健康，经受得起较大的学习压力，经受得起批评、讽刺或其他较为严重的心理挫折，善于转化消极因素，不出现心理障碍方面的事故。

开展广泛的群体活动，在体育和学习、群体活动和竞技体育两个关系的方向上开展教改试验；巩固我校排球特色，在普及的基础上进一步提升水平。

（4）美育及劳技教育。积极推进美术特长教学，配足美术专业教师，改善美术教学设备，适当增添课时，以满足美术特长班的教学需求。三年后，美术特长班在台山市初级中学中达到领先水平。

音乐和劳技等课严格按照《中小学课程标准》开足开齐课时，多方面培养学生的兴趣。

（5）综合指标。学生德智体美劳全面发展，进入高一级学校学习后，尚能学有余力，在特长方面进一步发展。学校对50%的毕业生升入高一级学校一年后进行追踪调查，反馈良好率达90%。

（七）教职工福利

学校严格按照上级有关规定，全体教职工树立“开源节流”的理念，积极争取外来资金支持学校建设，节省不必要开支，降低接待标准，尽量提高教师各类待遇。

按上级行政部门的有关规定，全额兑现教师的经济待遇。

努力改善教工饭堂环境，采取“集体补贴、个人免费”的方法，力争全体教师在校饭堂吃早餐；同时由学校统筹提高教师用餐标准，争取全体教师及其家属在饭堂就餐。

学校争取上级有关部门或社会热心人士的支持，在教工饭堂安装空调，以改善教师用餐环境。

学校筹资在教工饭堂增设消毒柜等有关改善食用卫生的设施，提高教师就餐卫生标准。

学校想方设法增加教职工文体活动经费，经常开展文体竞赛和娱乐活动。

学校筹集经费，每学年组织教师分期分批外出参观学习。

第四部分　目标管理

本目标旨在以现代教育的观点控制学校微观教育，培养学生既能实现近期目标，又能适应社会经济迅速发展，最终适应现代化社会的需要。

本目标立足建设一所屹立于台山地区的优质学校。

本目标是学校整体管理的近期目标，每学年都将配合该学年的工作目标和实施措施。

本目标的实施关键是领导班子和教职工队伍具有现代化的教育观念，并不断提高整体素质水平。

本目标要靠全体教职员工齐心协力，艰苦奋斗，坚持不懈，逐年实现。

本目标需要余氏宗亲以及上级部门的支持和帮助。

本目标可根据社会和教育发展的需要、当地和学校的实际，在实施过程中，由校长做必要的调整，由党支部和教代会审议通过。

汇聚力量，创立品牌

——台山市武溪中学三年发展规划（2013—2016年）

武溪中学为深入贯彻落实科学发展观，理清学校办学思路，明确学校办学方向，不断提升办学内涵，促进学校健康、和谐、可持续发展，并为教师职业生涯规划的制定提供可资借鉴的依据，引导达成学校发展的共同愿景，凝心聚力，规范管理，使师生、校园始终充满生机与活力，依据有关法律法规和上级文件精神，从学校实际出发，制定2013—2016年学校发展规划。

第一部分　背景分析

（一）办学规模

武溪中学创办于1985年，由香港余氏宗亲会、余风采五堂会以及美国、加拿大等风采堂和海内外余氏宗亲共同捐资2 600多万港元兴建而成，占地147亩，总建筑面积达4万平方米。学校坐落于台山、开平两市交界的白沙镇支路口，远离城区和闹市，交通便利，环境幽雅，是读书生活俱佳的场所。目前，在校学生达到1 400人，教师98人，职工34人，属于台山市内较大型的初级中学之一。

（二）办学优势

（1）武溪中学属侨办学校，获得香港余氏宗亲会、余风采五堂会的全力支持和世界各余风采堂的关注。

（2）武溪中学拥有一支年轻有活力、爱岗敬业的教师队伍和团结协作、务实进取的管理队伍。

（3）武溪中学办学质量不断提高，2012年更是达到历史高峰，中考获市质量特等奖，七年级获教学质量优秀奖，八年级获教学质量优秀奖等。学校的办学质量得到了社会和学生家长的广泛赞誉。

（4）武溪中学社会地位不断提升。武溪中学经过27年的奋斗，已被社会认可，愿意送孩子到武溪中学上学的家长和想来武溪中学读书的学生越来越多。

（5）拥有上级教育部门的政策扶持。

（三）办学劣势

（1）学校管理制度未形成规范。不少制度仍处在建设初期或探讨阶段，全校未形成规范化、制度化，管理未做到精细化。

（2）德育工作未形成系统，对学生的教育没有形成合力；学生良好的行为习惯亟待培养、强化；班主任整体素质有待改善；安全工作管理制度落实不严、不细，到位不足；第二课程、大课间、体育等成效不显著。

（3）教学管理未形成系统，各项教学常规检查不严，高效课堂仍处于初级阶段，特色课程建设未见成效。

（4）教师整体素质不高。其中达到台山市级的名教师空缺，学术型教师缺乏，领袖教师缺乏；教师教研意识不强，科研氛围不浓。

（5）后勤服务意识不强，卫生教育未取得明显成效，校园文化建设不够人性化，宿舍设施落后。

第二部分　目标定位

（一）办学理念

办学精神：仁、和、思、真。

办学理念：用武溪精神培育现代风采人。

办学目标：台山市优质学校（品学质量优秀、育人环境优雅、办学设施优良、管理制度优善）。

办学思想：育人为本，德育为先。

管理理念：层线结合，纵横共融；层级管理，分线负责；纵向到点，横向到面；分工合作，和谐共处。

校训：严守纪、勤勉学、礼文明、朴建美。

校风：爱校、团结、拼搏、创新。

教风：敬业、爱生、严谨、慎思。

学风：文明、守纪、尊师、勤学。

（二）办学目标

以《国家中长期教育改革和发展规划纲要（2010—2020年）》为指导，全面落实《台山市推进素质教育实施方案》的相关规定。在未来三年内，武溪中学顺应课程改革的时代潮流，优化育人环境，求真务实，内强素质，外树形象；抢抓机遇，深化改革，全力推进教育创新，始终以师生成长和学校发展为主题，以提高质量为目标，以精细化管理为保障，不断提升学校办学品质和内涵，积极践行“用武溪精神培育现代风采人”的办学理念，全面落实科学发展观，依法办学、以德治校，把学校建设成为“品学质量优秀、育人环境优雅、办学设施优良、管理制度优善”的台山市优质学校。

第三部分　纲要措施

（一）德育管理

1. 工作目标

牢固树立“育人为本，德育为先”的教育思想，实行全封闭式管理，继续实施“以礼仪教育为主线，以丰富学生生活和班级文化建设为两翼，推进学生‘自我管理、自我教育、自我服务’”的德育模式，将学校德育工作贯穿于学校各方面工作之中，进一步加强德育环境和学校文化建设，建设“四园”（“仁爱园”“和谐园”“善思园”“诚真园”），积极开展社会实践活动，逐步完善“学校、家庭、社会”三位一体的德育网络，使学生德、智、体、美、劳全面发展。

2. 主要措施

（1）丰富德育内容，全面提高学生思想道德素质。围绕“武溪精神”，开展学生思想教育工作，将“仁、和、思、真”细化到学期、周的教育工作中。

（2）拓宽育人途径，增加德育工作的实效性。①强化“教书育人”的意识，根据学科特点和具体的教学内容，挖掘德育教育资源，加强德育和学科教育的整合，寓德育于各科教学之中。②营造良好的班级文化氛围，创建和谐的师生关系，深化文明班级和特色班级评选活动。③继续加强校园文化、班级文化建设，重视环境布置，做到绿化、美化、净化，在校园内选址建设“四园”。④加大家长课程培训力度，深化亲子共同成长工程，提高家长育人水平。⑤积极探索德育校本课程，完成德育校本课程的开发工作。

（3）加强队伍建设，提高德育工作的有效性。①加强师德师风建设。

②加强政教队伍建设，提升德育管理成效。③加强班主任队伍建设，尽快培养出县级、市级优秀班主任或师德标兵。

（4）壮大团队队伍，创新开展共青团活动。加强少先队和社团建设；开设多元素团队活动，创建市级优秀共青团队伍；加强学生干部队伍建设，提升学生服务质量；加大团队经费的筹集与投入，充实团队设备。

（二）教学管理

1. 工作目标

全面实施素质教育，深入推进新课程改革，严格贯彻执行国家、省、市课程计划；全面落实国家课程和地方课程，加强对课程的领导与监管，提高教师对课程的执行力；加强校本课程的开发和建设，培养学生的兴趣爱好，促进学生个性发展；进一步转变教学观念，改进教学方法和教学手段，深化高效课堂教学改革，提高课堂教学效率；进一步建立健全各项教学规章制度，加强过程监控，实施精细化管理。

2. 主要举措

（1）加大课堂教学管理力度，规范教师的课堂行为。定期与不定期检查教师的课堂教学情况，将教师课堂教学的有效性纳入其实绩。

（2）完善教学常规管理制度。制度涵盖备课、课堂教学管理、校内外作业管理、辅导学生、检测管理、观课评课、教学成绩评价、小课题研究、教学反思、听课评课、教案检查等教学管理的各个环节，根据教学常规管理制度对教学过程进行全程管理。

（3）推进高效课堂改革的研究工作。以原有课堂改革实效为基本，结合学校实际，努力推进高效课堂的研究工作。

（4）完善集体备课制度。充分发挥教研组的力量，开展形式多样的教研活动，建立良好的听课评课制度和教学反思机制，形成良性循环。

（5）努力营造教师良性竞争氛围。开展各类讲课比赛和教学技能比赛，以比赛促进教学进步，以评课带动课程改革；打造校内“领袖教师”“市级名教师”评选机制；完善教学奖励制度。

（6）加强学校艺术和体育工作。严格执行体育课程制度，加强体育课管理，杜绝“放羊”教学；增加艺术课程教学，推进美术特色教学；全面落实“每天锻炼一小时”的工作。

（7）加强教学联谊活动。主动与新宁中学、珠海紫荆中学等本地名校举办联谊活动，学习先进经验。

（三）师资建设

1. 工作目标

牢固树立“教师发展学校”的理念，高度重视教师队伍建设，加强师德师风建设，全面推进教师专业化发展，健全教师培训管理制度和完善教师绩效考核评价机制，努力建成一支师德高尚、业务精湛、观念领先、爱岗敬业、关爱学生、严谨治学、善于学习、乐于奉献、团结协作、勇于创新、充满活力的师资队伍，适应学校发展的需要。

2. 主要措施

（1）加强领导班子建设。①校长必须是教职员工的表率，具有现代教育的宏观意识及微观管理的调控能力，必须做到以身作则、率先垂范。②实行校长负责制，重点实行“方块管理”，同时实行层级管理，使领导成员做到责、权、绩、利结合。③其余党政工团妇领导班子成员必须具有较强的改革精神及民主意识和较高的群众基础，廉洁奉公，团结协作，工作扎实，有较强的业务能力。④领导干部必须具有大局意识、服务意识、责任意识、学习意识。

（2）加强教师队伍建设。①引导教师确立自我发展目标，形成共同的价值取向；引导教师根据学校办学理念和发展规划，通过自我反思、剖析自我，结合自身实际，确定“个人专业发展三年规划”和年度实施计划。②加强师德师风建设，切实提高教师师德水平。以“正师风、强师德、树师表”为宗旨，以“敬业、爱生、奉献”为主体，以学习、研讨等活动为载体，以考核、评比为驱动机制，加强师德师风建设。③优化名教师选举，开展“首席教师”工程。④大力开展教师基本功达标系列活动，努力提高教师执教能力。基本功包含：研说教材基本功、驾驭课堂基本功、说听评课基本功、板书设计基本功、编写教案基本功、教学研究基本功、信息技术基本功、写作基本功。学校制定基本功达标系列活动实施方案，并组织实施。⑤深化教师全员读书工程，建立学习型组织。鼓励教师树立开放的学习意识和教学意识，要在教育教学过程中养成不断学习、终身学习的良好习惯，开展课改论坛、开门授课、科研沙龙、主题演讲等活动，构建学习型学校。⑥加强交流沟通与培训学习。每年组织部分骨干教师到兄弟学校参观学习，带着问题出去，带着成果回来，回校后召开一次学习经验交流会。定期或不定期邀请专家学者来学校讲学，与教师面对面交流，通过这些活动促进教师的成长。重视城乡交流活动，努力打造教育共同体。

（四）总务管理

1. 工作目标

牢固树立“教书育人、管理育人、服务育人”的意识，发扬“勤快、务实、高效、优质”的工作作风，强化后勤内部各环节的管理，完善健全总务管理各项制度，提高后勤服务质量，做到意识到位，服务到位，师生满意；多方筹措资金，不断改善办学条件；按标准配齐各类教学设施，加强设施维护，加强固定资产管理，促进资产效益发挥；争取上级资金支持，加快校舍维修改造力度；以高标准的要求绿化、美化校园，提升学校的办学品位。

2. 主要措施

（1）健全财务、财产、卫生、绿化等各类相关后勤管理制度，使后勤各项工作制度化，购物、财务公开化，增大透明度，形成有章可循的良好管理氛围。

（2）严格按照上级义务教育保障经费有关制度，做好学校财务工作。本着“精打细算、节约开支、统一管理、量入为出”的原则管理日常财务，做到账目清楚，手续齐备，操作规范。

（3）进一步美化、绿化校园，加强对校园苗木、花草、草坪的栽培工作的管理，使校园整洁、美观，努力创造良好的育人环境和学习场所。

（4）更新并完善部分教学设备，完成实验室、多媒体教室的升级改造，完善校园网络，尽快实现班班通网，进一步提高专用教室现代化程度，使之能发挥更大的效用。

（5）做好教师办公设备的采购、维护和保养工作。配齐学生课桌凳并加强使用管理，及时维修并调整不同学段学生的课桌凳。

（6）努力提高维修效率，达到5个工作日内完成，使师生满意。

第四部分　保障措施

规划的落实，需要上下齐心、通力合作，需要学校做好细致的组织与管理。要把握好发展的速度、稳定的程度、改革的力度，就要走好“三步”：宣传发动，达成共识；制订方案，稳步推进；科学监控，重在成效。

（一）宣传发动，达成共识

规划的形成需经过全体教职工采取多种形式讨论、修改并逐步完善；学校各职能处室结合本处室工作职责，借鉴已有发展经验和学校未来三年发展前景展望，提出各自修改意见，提请教代会审议并进行表决，使规划形成的过程成为全校达成共识、形成共同愿景的过程，使学校成为学习共同体。制定教职工个人生涯规划，努力尝试建立形式各异的学习共同体，以办学目标为引领，形成积极向上的价值观和共同利益追求。

（二）制订方案，稳步推进

为落实规划，学校及各处室、各级组、各班级应制订相应的工作计划，形成较为详尽的计划方案体系。学校每学期应制订相应的实施计划，把规划内容落实到位。学校发挥各部门的职能作用，提高工作效率，促进学校发展。学校发挥教代会参与学校管理的作用，健全学校民主管理制度，实行校务公开制度。

（三）科学监控，重在成效

加强教师的自我评价和对学校工作的评价，重视对教师反馈信息的研究、处理，积极发挥教师在规划落实过程中的作用。每一年度对规划具体目标的落实情况做小结，对规划目标的达成度进行评价、自我分析、自我反思，制订后续年度的规划实施方案。充分发挥教代会的民主管理和民主监督作用，使广大教职工参与“规划制定—规划实施—规划评估”的整个过程。学校行政按学年度，向教代会汇报“规划”的执行情况，并接受教代会代表对学校“规划”执行情况的质询和对“规划”的修改意见等。将学校发展规划的各项目标细化到每个学年度、每个学期的每周工作计划中，并保证措施落实、责任到人，从而使目标的监控内容更具体，使评价更客观、真实。

第五部分　目标管理

具体详见《武溪中学三年发展规划（2010—2013年）》第四部分。

为梦想而奋斗，创建台山名校

——台山市武溪中学三年发展规划（2016—2019年）

“中国梦”深入人心，人人都为自己的梦想而奋斗，学校也应朝着“武溪梦”而奋进！为进一步明确责任、确定目标，促进学校走上健康、和谐、可持续发展的道路，成功创建台山名校，现依据台山市教育局有关文件精神，结合过去6年的办学经验，制定2016—2019年学校发展规划。

第一部分　背景分析

（一）办学规模

武溪中学创办于1985年，由香港余氏宗亲会、香港余风采五堂会以及美国、加拿大等风采堂和海内外余氏宗亲共同捐资2 600多万港元兴建，占地147亩，总建筑面积达4万平方米。学校坐落于台山、开平两市交界的白沙镇支路口，远离城区和闹市，交通便利，环境幽雅，是读书生活俱佳的场所。目前，武溪中学在校学生达到1 290人，教师94人，职工15人，是台山市内较大型的初级中学之一。

（二）办学优势

（1）武溪中学属侨办学校，获得香港余氏宗亲会、余风采五堂会的全力支持和世界各余风采堂的关注。

（2）武溪中学拥有一支年轻有活力、爱岗敬业的教师队伍和团结协作、务实进取的管理队伍。

（3）武溪中学办学质量不断提高，得到了社会和学生家长的广泛赞誉。

（4）武溪中学德育工作初具特色，特别是学生的礼仪教育尤为突出。

（5）武溪中学校园环境较好，人文气息浓厚。

（6）武溪中学社会地位不断提升。武溪中学经过30年的奋斗，已被社会认可。

（7）武溪中学拥有上级教育部门的政策扶持。

（三）办学劣势

（1）学校管理制度未形成规范。不少制度仍处在建设初期或探讨阶段，全校未形成规范化的管理制度，管理未做到精细化。

（2）教学管理未形成系统，各项教学常规检查不严，高效课堂建设仍处于初级阶段，特色课程建设未有成效。

（3）教师整体素质不高。其中达到台山市级的名教师空缺，学术型教师缺乏，领袖教师缺乏；教师教研意识不强，科研氛围不浓。

（4）后勤服务意识不强，卫生教育未取得明显成效，校园文化建设不够人性化，宿舍设施落后。

（5）招生压力越来越大。随着招生政策的变化，学校在招生工作上面临很大的压力。

第二部分　目标定位

（一）办学理念

办学精神：仁、和、思、真。

办学理念：用武溪精神培育现代风采人。

办学目标：台山市名校（品学质量优秀、育人环境优雅、办学设施优良、管理制度优善）。

办学思想：育人为本，德育为先。

管理理念：层级管理，分线负责；纵向到点，横向到面；分工合作，和谐共处。

校训：严守纪、勤勉学、礼文明、朴建美。

校风：仁而礼和。

教风：严而有爱。

学风：勤而思真。

（二）办学目标

以《国家中长期教育改革和发展规划纲要（2010—2020年）》为指导，全面落实《台山市推进素质教育实施方案》的相关规定。在未来三年内，武溪中学顺应课程改革的时代潮流，优化育人环境，求真务实，内强素质，外树形象；抢抓机遇、深化改革，全力推进教育创新，始终以师生成长和学校发展为主题，以提高质量为目标，以精细化管理为保障，不断提升学校办学品质和内涵，积极践行"用武溪精神培育现代风采人"的办学理念，全面落实科学发展观，依法办学、以德治校，把学校建设成为"品学质量优秀、育人环境优雅、办学设施优良、管理制度优善"的台山市优质学校。

第三部分　工作纲要

（一）德育管理（责任领导：伍兆斌；责任处室：德育处）

牢固树立"育人为本、德育为先"的教育思想，实行全封闭式管理，继续实施"以礼仪教育为主线，以丰富学生生活和班级文化建设为两翼，推进学生'自我管理、自我教育、自我服务'"的德育模式，将学校德育工作贯穿于学校各方面工作之中，进一步加强德育环境和学校文化建设，积极开展社会实践活动，逐步完善"学校、家庭、社会"三位一体的德育网络，使学生德、智、体、美、劳全面发展。

1. 完善德育特色教育

继续探索德育特色教育：突出一个主体，重视两个队伍，搭建三个平台，搞好四个阵地。

2. 丰富德育教育内容

围绕"武溪精神"，开展学生思想教育工作，将"仁、和、思、真"细化到学期、周的教育工作中。利用"仁爱园"活动展示"武溪精神"，宣扬余靖公事迹。加强学生对《中小学生守则》的学习，使之贯穿于学生活动之中。

3. 丰富学生课余生活

保留校园文化节；继续开展学生"2+1"活动；积极探索先进的课间活动模式，打造初具特色的大课间；增设校园新活动，开启"仁爱园"午间舞台的展示；举办形式多样的学生体育类比赛。

4. 加强德育队伍建设

（1）加强师德师风建设，提升教师德育意识，形成全民德育观念。

（2）加强政教队伍建设，提升德育管理成效。

（3）加强班主任队伍建设，培养县级、市级优秀班主任或师德标兵。

（4）加大家长课程培训力度，深化亲子共成长工程，提高家长育人水平。

（5）探索家长委员会制度，充分发挥家长委员队伍的作用。

（6）探讨班主任准入制度，让优秀教师当班主任，让班主任享受应有待遇。深化亲子共成长工程，注重后进生家长的培训，更多地从生活习惯方面引导后进生。

5. 提升学生干部管理能力

加大团队经费的筹集与投入，充实团队设备；强化少先队和社团的规范化建设；开设多元素团队活动，创建市级优秀共青团队伍；加强学生干部队伍建设，提升学生服务质量；增加学生自主规划活动的权力，扩大学生会的作用。

6. 完善安全监管制度

推进学生安全契约签订制度，入读前签订，一签三年，家长、学生同签；完善各类安全检查及备案工作；加强师生安全培训工作，加强急救知识学习。

7. 完成德育课题

经学校申报，《学校特色德育模式的深化研究》课题获批，按照要求，课题项目于2017年10月完成。

8. 加强宿舍管理

宿舍管理包括教官队伍的管理、学生宿舍队伍的管理、宿舍财物的管理。

（二）教学管理（责任领导：陈锦庄；责任处室：教导处）

奉行“以教学为中心”的理念，全面实施素质教育，深入推进新课程改革，严格贯彻执行国家、省、市课程计划，全面落实国家课程和地方课程，结合学校实际推行切实有效的教学管理模式，实现教学成绩的显著提升，争取进入台山市前列，成为公办初中的标杆学校。

1. 加大课堂管理力度

定期与不定期检查教师的课堂教学情况，将教师课堂教学的有效性纳入其实绩。完善教学常规管理制度，涵盖备课、课堂教学管理、校内外作业管理、辅导学生、检测管理、观课评课、小课题研究、教学反思、听课评课、教案检查等教学管理的各个环节，根据教学常规管理制度对教学过程进行全程管理。

2. 加快课堂改革进程

以原有课堂改革实效为基础，结合学校实际，努力推进高效课堂的研究工作。充分发挥教研组的力量，开展同课异构、微课、慕课等形式多样的教研活动，建立良好的听评课制度和课后反思机制，形成良性循环。

3. 营造良性竞争氛围

开展各类教学课堂比赛和教学技能比赛，以比赛促进教学进步，以评课带动课程改革；打造校内名教师；努力打造市级名教师；结合《台山市初中教育教学质量评价方案》与《江门市初中阶段协同教育质量评价方案》的要求，完善教学奖励制度。

4. 加强教学联谊活动

主动与新宁中学开展教学联谊工作，借助新宁中学的力量，推进学校教学各项工作的改革；开展与周边市区先进学校的联谊工作，吸引其先进经验，弥补学校教学工作的不足，以破解我校教学工作难题。

5. 加强教师培训

继续推进校本培训；加大教师外派学习力度，使每学期不少于20人次外派学习；完善教师培训奖励制度，增强培训效果。

6. 规范教学常规管理和教师的教学行为

贯彻实施《江门市中小学教学常规管理工作若干意见（试行）》，加强教学常规管理，抓好教学常规检查工作，规范学校的管理行为和教师的教学行为。加强对课程的领导与监管，提高教师对课程的执行力；加强校本课程开发和建设力度，培养学生的兴趣爱好，促进学生个性发展；进一步转变教学观念，改进教学方法和教学手段，深化高效课堂教学改革，提高课堂教学效率；加强过程监控，实施精细化管理。

7. 加快“智慧校园”建设进程

制订全校科技化建设目标，重点建设信息化教学设施。建设目标包含两方面：其一是必须达到台山市先进水平，其二是争取达到江门市先进水平。未来三年筹资投入600万元以上，全面改造校园网络，网速达到千兆；建设教学录播室；建设校园广播电台以及电视台；推进与先进学校的同步教学；建设学生的管理系统；建设现代化学术厅；建设现代化校园监管网络等。

8. 建设较强的教学管理团队和教研队伍

通过不断外派教师研修学习，建设一个能自主、高效开展学校教学管理活动的团队。进一步优化教研队伍，使之能自觉开展教研活动，教研工作档次提升，使学校成为台山市教研先进单位，使一至两个科级成为台山市先进教研组。

9. 成立校级教研室

结合学校实际成立教研室，按高标准重新建设资源库。

10. 教学屡创佳绩

2016年教学成绩创下历史新高；2017年的教学成绩在2016年的基础上再提高一个档次；2018年的教学成绩进入教学优秀行列。

（三）后勤管理（责任领导：朱健照；责任处室：总务处）

牢固树立“教书育人、管理育人、服务育人”的意识，发扬“勤快、务实、高效、优质”的工作作风，强化后勤内部各环节的管理，完善后勤管理各项制度，提高后勤服务质量，做到意识到位、服务到位、师生满意，为学校成为名校提供必要的后勤保障。

1. 强化服务意识

后勤工作就是服务工作，强化树立服务同事、服务学校、服务学生的思想意识，提升后勤人员的形象与后勤服务质量。

2. 完善后勤制度

充分检讨财务、财产、卫生、绿化等相关后勤管理制度，使后勤各项工作制度化，购物、财务公开化，增大透明度，形成有章可循的良好管理氛围。

3. 严格财务制度

严格按照上级义务教育保障经费有关制度，做好学校财务工作。本着“精打细算、节约开支、统一管理、量入为出”的原则管理日常财务，做到账目清楚，手续齐备，操作规范。加大节约力度，本着“应节约的绝不浪费”的理念审核学校的一切开支，严格执行学校的采购制度，杜绝浪费。

4. 继续优化环境

进一步美化、绿化校园，加强对校园苗木、花草、草坪的栽培工作的管理，使校园整洁、美观，努力创造良好的育人环境和学习场所。

5. 努力筹集资金

以“四个一点”为导向努力争取各类资金，为学校信息化建设提供有力的资金支持。计划2016年投入300万元、2017年投入250万元、2018年投入250万元。

6. 加强环境监管

加强学生环境区的管理，与团委探索长效管理机制；加强校工管理，发挥校工作用；建设流行病卫生监管机制，充分借用市镇卫生防疫组织的力量。

7. 保证食品卫生

加强与科源公司的联系，提升饭堂管理效能；完善饭堂、小卖部的食品监管机制；完善外来食品监管制度，杜绝后患；加强学生饭堂的管理，加强学生就餐、卫生等方面的管理。

8. 提高维修效率

完善维修制度，达到5个工作日内完成的效率，使师生满意。

（四）行政管理（责任领导：吕凤海；责任处室：办公室）

牢固树立“以人为本”的理念，高度重视教师队伍建设，加强师德师风建设，努力建成一支师德高尚、业务精湛、观念领先、爱岗敬业、严谨治学、乐于奉献、团结协作、充满活力的师资队伍，以适应学校发展的需要。

1. 加强班子队伍建设

校长必须为教职员工做表率，必须具有现代教育的宏观意识及微观管理的调控能力，必须做到以身作则、率先垂范。实行校长负责制，重点实行“方块管理”，同时实行层级管理，做到领导成员责、权、绩、利结合。其余党政工团妇领导班子成员，必须具有较强的改革精神及民主意识和较高的群众基础，廉洁奉公，团结协作，工作扎实，有较强的业务能力。培养领导干部必须具有大局意识、服务意识、责任意识、学习意识。

2. 加强教师队伍建设

完善教师绩效考核评价机制，引导教师确立自我发展目标，形成共同的价值取向。加强师德师风建设，切实提高教师师德水平。以“正师风、强师德、树师表”为宗旨，以“敬业、爱生、奉献”为主体，以学习、研讨等活动为载体，以考核、评比为驱动机制，加强师德师风建设。完善并推进各类教师先进评选，深化教师全员读书工程，建立学习型学校。

3. 注重协调工作

充分发挥中心协调作用，把各处室的力量统揽在学校的发展上。注意收集教师、家长、学生的意见，做好分流解释工作。加强协调共工青妇组织，调动各种力量；加强与党支部的联系，充分发挥党员的先锋模范作用。

4. 发挥宣传优势

继续完善网络，让社会充分认知学校；完善校园网络，发挥校园网的宣传效用，把优秀教师、优秀课程、优秀学生、学校喜讯等信息及时向学生展示；发挥各类宣传工具的优势，做到应用尽用，形成多渠道宣传组合。

5. 检讨完善制度

尽快让学校走上制度化的道路。

第四部分 保障措施

具体详见《台山市武溪中学三年发展规划（2013—2016年）》第四部分。

第五部分 目标管理

具体详见《台山市武溪中学三年发展规划（2010—2013年）》第四部分。

台山市武溪中学校园文化建设规划

一、总体规划

校园文化是精神文明建设的重要内容，它反映着学校的教育观念、办学理念、历史传统、精神风貌、办学特色，是以物质条件为基础的载体文化和以人为中心的精神文化的统一。优秀的校园文化是学校的灵魂，对师生起着导向、凝聚、激励和约束的作用，有利于师生树立大局意识、责任意识和创新意识。我校秉承丰厚的校园文化，在新的历史时期与时俱进，不断丰富校园文化内涵，积极构建和谐的文化校园，构建既有现代特色，又有人文渊源的校园文化特色，追求“仁、和、思、真”的精神世界，努力建设优良的人文环境与和谐的发展氛围，全面提升学校品质，全面提高学校的知名度与美誉度，使校园成为学生成长的摇篮、教师成就事业的舞台。

二、构建思路

我校的校园文化是指以学校校园为地理环境圈，以社会和历史文化为背景，以师生为主体，创建并共享的，以制度、环境、活动为载体，以文化的多学科、多领域广泛交流及特有的生活交往为基本形态，具有时代特点和学校特色的群体文化和精神氛围。我们构建的校园文化将着力形成以下特色。

1. 校园文化的内涵

“靖”文化：结合余靖公的精神实质，重点推广“武溪精神”及“文静”“安静”“干净”的校园精神文化，强化校园文化在素质教育中的隐性教育功能。

2. 校园文化的运行

在工作中做到“四个结合”：校园文化与德育工作结合，校园文化与教学工作结合，校园文化与家庭教育结合，校园文化与社会教育结合。

3. 校园文化的成果

通过校园文化建设，形成民主型的制度文化、智能型的知识文化、素质型的心理文化、情感型的审美文化、开拓型的观念文化和体现历史文化底蕴的环境文化协调发展的态势。

三、实施思路

1. 环境文化建设

校园的环境文化是指校园所处的自然环境、校园规划格局以及校园建筑、绿化和文化传播工具等方面形成的环境文化。

（1）“靖”文化展示区：把“仁、和、思、真”四个园区作为主要展示区，使学生真切地感受到学校文化传统。在学校主教学楼中厅，陈列余靖公求学、做官的主要事迹以及香港余氏宗亲会办学的慈善行为，让学生切身感受到余氏的历史魅力。在主教学楼二楼陈列“办学奖项”设置人的简介，彰显其精神，鼓励学生进步。

（2）“静”文化展示区：①“文静”，文雅娴静，意指一个人的文化修养、文明礼貌。在一些主要通道，布置一些文明礼仪的用语，让学生时常受到正向教育。如在正门口通往主教学楼的楼梯上张贴教育警语，学生离校时看到的是教育学生回家做好孩子的警语，回校时看到的是回校做好学生的警语等。②“安静”，无声音，意指追求静思，勤奋好学。在学生回教室的通道布置一些警示语，让学生有意识地提前进入学习状态。

（3）“净”文化展示区：校园绿化地带形成不同的文化小品；将余靖公追求自然、追求人生美好愿望的诗句置于校园文化小品或警示语当中。校园环境宁静优美，树木花草相映成趣，校内道路平坦整洁、典雅古朴；对校园内电线、电话线等各种管线统一规划，合理铺设，确保安全美观；校园干净、整洁，地面不见垃圾，无卫生死角；教室窗明几净，布置典雅，给人赏心悦目之感，使师生员工沉浸在健康和谐的文化氛围之中，呼吸清新高雅的文化气息，达到陶冶情操的目的。

（4）其他宣传栏展示区：文化长廊设置力求齐全，教学与研究宣传栏由各教研处负责；光荣榜由教务处负责；校务公开宣传栏由校务公开监督小组负责；班队宣传栏由德育处主办，展示学生精神风貌，增强学生主人翁意识；身心健康宣传栏由卫生教师、体育教师、心理辅导教师负责。

2. 制度文化建设

进一步深化、整理、完善规章制度，制定运作程序，理顺层次、规范程序、行而有据，建立依法办事、民主管理、以德立校的运行机制，同时建立完善的学生自主管理制度。学校必须建立一个凸显本校优势，体现校本意识，具有文化特色的规范、高效、完整的组织管理系统和制度，才能构建学校特色制度文化。

3. 行为文化建设

校园行为文化指行为规范和行为模式两个方面，校园行为规范包括学校对人的教育培养及塑造人的规章制度（如《教师评价细则》）、规范（如《中小学生日常行为规范》《中小学生守则》）等，还包括各项规划、计划、要求、意见等。行为模式包括学习、生活、工作的行为方式等。这些行为规范和模式构成了校园制度文化建设的重要内容。

4. 精神文化建设

校园精神文化是全校师生的思想观念和素养，其表现形式则是精神创造活动及其产品。

（1）建设以学生为主体的校园文化活动项目。根据教育发展的宏观环境及发展趋势，依据人本发展理论，建设以学生为主体的校园特色文化活动，如校园文化艺术节、余靖诗词分享会等。

（2）建设以教师为主体的校园文化活动项目。教师是人类灵魂的工程师，其品德和人格对学生的成长产生直接的影响。加强师德建设是校园文化建设的重要内容。我们将采取以下措施：一是制订明确的培养计划和方案，把师德培养纳入师资队伍建设计划中，对全体教师进行以加强教师的职业道德、职业精神、思想观念、道德品质为核心内容的师德教育。二是建立奖惩机制，对师德优秀的教师在晋级、评聘、职称评审方面给予倾斜政策，对师德考核不合格的教师，实行一票否决。三是建立健全师德监督机制，结合民主评议行风活动和校务公开工作，鼓励教师更新思想观念、完善道德修养，使“师德兴则教育兴，教育兴则民族兴”的观念深入每一位教师心中。同时搭建舞台，活跃教师文化生活，提升教师素质，陶冶教师情操。

（3）建设以“校园情结”为主题的文化活动项目。开展“我爱校园”“校园是我家”“为校增光”等“校园情结”活动。

四、工作原则

1. 以人为本的原则

高度重视人在校园文化建设中的作用，重视人的积极性的充分发挥，把体现学校教育的人文本质和培养学校的人文精神作为校园文化建设的主攻方向。

2. 思想性原则

要坚持先进文化的前进方向，坚持用“十九大”精神与科学发展观统领校园文化阵地。

3. 实践性原则

校园文化重在建设，重在实践，要开展符合学生特点、引导学生全面成才、形式喜闻乐见、师生参与性强、深受广大师生喜爱和支持的校园文化活动。

4. 整体性原则

校园文化建设是一个系统工程，具有层次性、具体性、全面性等特点，要统筹兼顾，全员参与，持之以恒。

5. 发展性原则

校园文化具有发展性、动态性等特点，要与时俱进，坚持弘扬时代主旋律，体现发展主题，培育时代精神。

五、保障机制

1. 建立校园文化建设管理机构

组长：余耀洪

副组长：余德亮、陈锦庄、伍兆斌、朱健照

成员：吕凤海、陈金锐、黄秀庭、黄惠娥、黄慧铭、李叠玲、黄现娥、陈超科

领导小组全面负责校园文化建设的总体规划和建设，指导开展全校性的校园文化活动。

2. 校园活动文化实行课程化管理

为保障校园活动文化规范化，校园文化建设领导小组定期进行计划、部署、评估和总结，保障工作的落实。

3. 注重过程管理，实行跟踪考评

校园文化建设的关键是过程，过程的关键是参与。特别是活动文化，过

程就是氛围，参与就是效果，“关注过程，重在参与”是管理的基本原则。根据活动文化项目特点，定期组织展评活动，对活动情况实行滚动考评，在滚动考评的基础上，对活动成果给予奖励。

六、具体步骤

2018年计划：

（1）大力宣传并建设有特色的校园文化。

（2）完成特色校园文化的整体规划，重点完成“环境文化布置规划”。

（3）维护、突出宣传栏和文化长廊。充分利用校园的基本设施，巧妙设计、精心安排，使每一面墙、每一处景点、每一个宣传栏、每一块黑板，都饱含生动的文化内涵，让校园的每一面墙壁都会说话，每一处景点都能育人，让整个校园充满成功、自信、催人向上的文化气息，激发师生的热情和朝气，引领积极、健康、和谐、向上的校园文化的形成与发展。

2019年计划：

（1）筹集经费完成第一期环境文化的建设。

（2）开展读书活动，丰富师生文化生活。以“学习余靖诗词，传承经典”为主题，打造良好的读书文化，为教师学习创造良好的氛围，为教师读书创造有利条件。鼓励教师从读书、学习和反思人手，在读书学习中丰富自己的文化底蕴，提高自身的人格素养，让学生在读书中幸福成长。

（3）完成制度的第二次检讨。

（4）检讨校园文化的建设程度及完成程度。邀请省、市专家到校进行校园评估，以此促进学校的校园文化建设。

2020年计划：

（1）筹集经费完成第二期环境文化建设。

（2）向外展示健康的校园文化风貌。

行“三自”教育，立品牌学校

近年来，学校开拓创新，以礼仪教育为主导思想，以丰富学生课余生活、班级文化建设为辅助，切实推进学生自我管理、自我教育、自我服务的“三自”特色德育教育工作。

一、突出“三自”教育的一个主体

人类在进化的过程中，应该具备认识和改造自己、认识和改造世界的能力。教育的对象是自然社会的人，我们在对其进行教育时，不能单凭自己的想象去设计教学，要充分考虑学生的天性，制定适应学生天性发展、顺应自然发展规律的教学方法，才能真正达到教育的目的。学校确立了“以教师为主导、学生为主体”的德育管理理念，突出学生“三自”主体作用，开展以生为本的各类德育活动，通过学生组织、参与、体验，实现知行合一。

二、重视品牌学校两支队伍的培养

民族振兴、教育为本，教育发展、教师为本；国运兴衰、乐于教育，教育兴衰、乐于教师。要建设以教育为本的品牌学校，必须重视劳动文化素质，形成有效的“三自”教育模式，加强师资队伍的建设，将教育改革与发展作为品牌学校坚实的基础，根本上解决“三自”教育的普及与质量的提高问题，加强两支队伍的建设，推动“三自”教育全面协调可持续发展。

1. 学生干部队伍

学生干部在学生日常管理工作中起着不可替代的作用。学生干部是学生集体的核心力量，也是学生管理工作者的助手。一方面，高校学生工作能否顺利开展，能否取得应有的效果，在很大程度上取决于学生干部的工作；另一方面，培养学生在校期间担任一定的社会工作，不断扩大学生干部队伍，提高学生干部素质，也是育人的一种有效方法。学生干部队伍的建设应采用“链条+方块”的形式，以班为单位设立各类管理小方队，在团委会、学生会的组织带领下，以“链条”的形式用制度将“小方块”有效地连接起来。

2. 班主任队伍

班级是学校进行教育教学工作的基本单位，班主任是学校各项工作的具体实施者，建立一支思想好、素质高的班主任队伍是“三自”教育工作的基础。学校应该设立班主任工作室，有序有效地开展经验分享会、德育课题会，增强班主任对“三自”教育的充分认知，提高综合素养。

三、搭建“三自”教育的学习平台

1. 德育先锋

围绕“仁、和、思、真”的武溪精神开展“德育先锋”系列活动。确定每学期的大主题和每周的小主题，各班推荐产生“先锋小组”，先锋队员在教师的指导下对同学进行主题教育，分层细化教育内容，培养学生良好的行为习惯。学校应依据不同年级、不同年龄段学生的身心特点，遵循学生认知水平，由浅入深，循序渐进，做到行为习惯养成序列化，使学生自觉主动地把符合社会要求的思想道德规范在内心加以理解和体会，并通过实践转化为自觉行为能力。例如，低年级以整理书包、互助友爱、文明礼貌、捡拾垃圾等简单易做的活动为主要内容，树立学生的“三自”意识；中年级以培养自觉性、是非观念等活动为主要内容，让学生明白有规矩才成方圆，必须遵守班级、学校的规章制度，必须服从老师和班干部的管理，明白哪些事能做，哪些事不能做，有一定的是非辨别能力，理解行为的意义和价值，并对自己的行为负责，培养自我管理能力，达到自我教育的最优效益；高年级以建立自信心、培养责任意识为主要内容，使学生能肯定自己，相信自己，正确面对挫折、失败，乐意与人沟通，遇事知道如何解决，积极寻求别人的帮助，培养自我服务能力。在实践过程中应充分发挥学生的管理才能，一要充分相信学生，相信学生就要尊重学生，摈弃陈旧的固化观念，发挥自我实践的教育作用。实践活动是学生自我教育的基本途径，学校可通过开展自我体验、自我训练、自我节律等活动，达到学生自我教育的目的。

2. 文化艺术节

每年坚持办好校园文化艺术节，大力发展素质教育，丰富师生课余生活，提升学生艺术水平。进一步加强学生思想政治教育工作，丰富校园文化生活，提高学生的综合素质和能力，培养广大学生的“自信、开放、创新”意识，向社会各界展示学生乐观积极、敢于拼搏、锐意进取的精神风貌。活动可以采用辩论大赛、歌曲串烧两种形式，充分展露学生的创造天性和自信品质，让活动成为学生表现自我风采的大舞台。

3. 团委会、学生会

充分发挥团委会、学生会作用，适当放权和“放水”（提供资金），让学生干部组织开展环保义工行、石花山祭英烈、青春暖流敬老、学雷锋义卖、星级标兵班创建等活动。学校建立学生会，建立多结构的监督、考核、评价管理体系，由学生会负责对全校的“三自”教育活动进行检查、监督和指导，及时、准确地掌握实施情况，对出现的问题及时进行处理和纠正，对优秀团队和个人进行奖励，形成良性循环。班团干部是学生、班级与学校沟通的桥梁，是发挥学生“三自”作用的中坚力量，在“自我”教育工作中起着十分重要的作用。学校要加强学生干部队伍培训，指导他们卓有成效地开展工作，健全学生干部的选拔和考核制度，增强他们的主人翁意识和责任感，充分发挥学生干部的模范带头作用，提高他们的工作能力和综合素质，使“三自”教育工作深入、持久地开展下去，更好地发挥它的育人功能。

四、建立教育氛围的“四有”阵地

1. 教室环境有文化

每学期开展班级文化建设和图书角评比，班级文化栏目分指定栏目（德育栏、学习园地、成长足迹、班务栏）和自选栏目，学期末评出优秀班级并进行大力表彰。首先，把一些历史伟人、民族英雄、革命导师的画像挂在教室的墙壁上，这些人物都是青少年学生学习的榜样。他们不平凡的一生、伟大的业绩、崇高的人格和光辉的形象都会对学生产生极大的吸引力，容易激发学生对他们的敬仰之情，并将他们作为典范严格要求自己，促使自己积极上进。其次，教室墙壁上张贴一些名言警语，富有哲理的名言警语就像良师益友，时刻教育、启发、鼓励着学生在知识的海洋中尽情遨游。再次，把班训置于后黑板正上方的位置，和前黑板正上方的校训相对应，这样能时刻提醒、激励学生，使学生玩有风格、学有目标、干有动力，从而更体现出班级的班风和学风。最后，奖状、流动红旗既是一种荣誉，也代表着班级的历史，是这个班级共同奋斗的结晶，要把它们张贴或悬挂在教室的固定位置并保护好。学生看到这些奖状、流动红旗会产生强烈的班级荣誉感，增强爱护班级的责任心，自觉摒弃以前的一些不好的行为和习惯，发扬优点，从而使得班级的向心力和凝聚力越来越强。

2. 食堂就餐有文明

采取"划区分班定位"的方式管理学生饭堂，保洁任务分配到班级和个人，同时纳入文明班评比，促使学生养成良好的就餐习惯。

3. 宿舍管理有规范

学生组建宿管部，参与宿舍管理；全面开展文明宿舍评比，全员齐抓共管，共建整洁规范、文明温馨的生活环境，使宿舍成为养成教育的阵地。

4. 校园展示有风采

把"武溪精神"以景观的形式展现出来，在走廊上、墙壁上、房屋上张贴礼仪知识标语、古诗词等，使校园处处是文化阵地，增添校园风景，提升学校品位，使师生在耳濡目染中提升个人素质。另外，以黑板报展示校风的形式也很受学生欢迎。黑板报由学生自己定期出版，这种形式可以充分发挥他们的聪明才智，既锻炼了学生的能力，也提高了学生的素质。一个好的黑板报会让人赏心悦目，不但能够使人学到知识，也美化了校园环境。黑板报的内容可以是时事新闻、幽默小品，可以是优秀作文，也可以是各种公式定理的趣味记忆法，通过这种形式，学生可以自己去体会、阐述生活道理，创造校园学习环境的文化氛围。

五、结语

学校秉承厚德载物、自强不息的教学理念，将自我管理、自我教育、自我服务的教学模式融入实践，帮助学生建立从被管者转变为管理者的主人翁意识，通过让学生亲自参与学校的管理工作来提升学生的管理能力。教育是振兴民族的基石，学校应坚持"育人为本、德育为先"的主要方向，提高学生素质教育水平，培养德智体美劳全面发展的社会主义综合型人才。今后，武溪中学将继续秉承"严而有爱"的教风和"勤而思真"的学风，锐意进取，勇攀新高峰。

参考文献

[1] 高凡.中职德育需要雷声也需要雨点——长沙市信息职业技术学校“三自教育”德育项目的实践与探索 [J].现代职业教育，2016（5）：24.

[2] 李云莲.“三自—三成”学校德育模式的探索与审思 [J].教师，2017（26）：13-15.

[3] 李磊.推进“三自”教育工作在研究生管理中的开展——Z学院研究生管理工作改革的研究 [J].教育教学论坛，2011（27）：103.

农村初中教学管理之浅见

教学管理不单要在思想上重视，也应在科学上讲究，更应从艺术上操作。对于一所农村初中、一所在本地区并不出名的学校、一所需要向前发展的初级中学来说，抓好教学管理显得尤为重要，这要求校长必须要有先进的理念、正确的决策、精力的投入等来强抓教学管理，提升教学质量，以确保学校有立足之地。

一、情感投入，打造学校的家文化

（一）营造家庭氛围

首先，在学校整体管理理念上，校长必须把学校看作一个家庭去经营，并且通过各种宣传途径把这种理念传递给教师，如教师例会、级组布置、课题讲座等形式。其次，校长要雪中送炭，做教师的亲人。每一个人都困难，当教师有困难的时候，校长的做法尤为重要，方法恰当可令教师感激一生，方法不妥会让教师怨恨一辈子。对此，我做到了“三必访”：喜事必访、丧事必访、难事必访，或亲自登门拜访，或电话问候，或短信寄语等，总之做到让教师感觉校长就在他身边。最后，以问候拉近同事间距离。逢周末、节假日、生日等我都会定时向教师发送问候语，特别是在教师生日上，学校不仅设立“寿星宴”，为当月过生日的教师集体祝贺，还根据教师平时的工作、为人的亮点亲自写上张一卡片，并附上鲜花、贺金等，这样的举动最容易让教师感动。

（二）制度充满人文，让学校有家的温情

制度建设是一所学校的重点工作之一，没有制度就没有方圆。因此，在建设、执行制度时要遵循以下几点：一是制定的规章制度必须符合国家法律法规的有关规定，管理制度的设计要体现出对人的伦理关怀，还要遵循教育发展

的规律。二是管理制度要充分发扬民主精神，集思广益，真正使管理制度体现出"从群众中来"的精神。例如，2010年重新拟定的考勤制度，就是先广泛征求教师意见，然后通过全体教师讨论、表决而形成的，并且之后每年都会征求教师意见，不断完善。三是管理制度应该体现出尊重人、关心人、爱护人的默默温情。学校的制度既考虑到了学校的利益，又照顾到了教师们的要求，让教师们在人文气息的制度中培养自律的习惯。四是坚决维护学校制度的权威性和严肃性。对个别教师无视学校制度的情况，坚决按照制度办事，绝不允许因为个别人的无视而使制度形同虚设，让制度失去制约力。

（三）经营良好的文化精神

一所学校，必须拥有一个美好的精神家园。我从以下三个方面着手：一是校长应有清晰的文化观。从一定意义上来说，学校文化就是管理者的文化。可以说，有什么样的校长，就有什么样的学校文化，而我校的文化观就是团队精神。二是校长应该改变学校文化建设的根本范式，从人的生命世界和精神生活出发，把人文陶冶看作精神文化建设的根本途径。三是引导教师经历精神体验。作为校长，不仅应当向师生们提供丰富的文化生活，更应当通过丰富教师的人文素养提高教师对学生的心理历程的引导能力，这样才能切实地帮助教师进行精神体验。

二、待遇提升，调动教师的积极性

目前，国家已实施了绩效工资，规定每所学校在行政账上除了奖励性绩效工资之外，不能发生多余的教师签领金额，这似乎再也没有什么待遇可提高了。如果这样认为，那就大错特错了。作为校长，必须时刻思考如何提升教师的待遇，调动教师积极性，促进教师主动、自愿地工作。我有如下几个做法：一是加强宣传，提升社会地位。武溪中学在台山地区的初级中学当中排在前8位，属于中上流的学校，学校较为突出的特点是全封闭管理，而且办起了美术特长班。借此，我们利用电台、《江门日报》、校报等对学校进行宣传，让社会知道武溪中学的存在，也让群众了解武溪中学的办学成绩等，从而提升教师的社会地位。二是利用资源，增加经济待遇。教师在绩效待遇上已没有什么文章可做，只能按照期初制定的绩效方案进行。对此，学校争取华侨、校友的支持，筹集资金进行奖教奖学，以调动教师的积极性。三是及时表扬，提升精神待遇。每个人都希望得到别人的肯定与表扬，因此，我给自己一个任务，每周的教师例会上最少表扬4位教师，这样做的效果非常好，不少教师得到校长的表扬后，红光满面、神采飞扬。四是搭建平台，增强成就感。单纯表扬还不行，还要建一个平台让教师发挥，既可以让其业务长进，又可以让其有一种成就感。例如，名优教师讲座、先进党员谈感受、名优班主任趣谈等。

三、德育创新，增进教学的活力与动力

德育为教学工作而服务，这一点毋庸置疑。针对我校城乡结合的实际情况，学校采取“以礼仪教育为主线，以丰富学生生活和班级文化建设为两翼，推进学生自我管理、自我服务、自我教育”的德育“三自”管理教育模式，并取得了可喜成绩。主要做法为：一是加强班主任培养。为了更好地进行班级管理，迅速提升班主任的综合能力，学校各班均配备了正副两名班主任，进行组建新老搭配的班主任“帮扶”活动，学校的主题班会、班主任读书心得体会、班主任经验介绍、教育案例等一系列竞赛活动，都需要新老班主任的紧密配合，这种取长补短的协调方式能够让班主任和谐共荣，携手并进。同时，建立保障班主任的奖励机制，在学校的绩效工资方案中，大幅度提高班主任的待遇，还依据工作成效设立浮动津贴，极大地提高班主任工作的积极性和主动性。二是礼仪教育带动良好校风的形成。环境影响人，环境教育人，好的教育氛围可以塑造一个好的人才。学校在全面实施素质教育的同时，特别重视礼仪教育，重视对学生礼仪素养的培养，把礼仪教育贯穿于学校的整个教育教学过程中。三是重视开展礼仪教育主题活动。积极组织各班召开主题班会，进行文明班级、文明宿舍、文明学生、礼仪之星等的评比活动，使活动有始有终，对学生起到很好的激励作用。四是丰富校园文化活动。学校继续开展“校园文化艺术节”，包含写作、歌咏、舞蹈、体育、绘画、诗歌等多种活动；还开展教师体育节，鼓励全体教师参加体能测试，组织级间的体育比赛。校园文化丰富多彩，既使学生个性特长得到了培养和展示，也使教师的课余生活更加丰富，提高了教师的体能。

通过多种德育活动增强学校的吸引力，调动教师、学生工作与学习的兴趣，为教学增添了活力与动力。

四、定调中心，确定质量的核心地位

教学是学校工作的中心，也是学生全面和谐发展的基本途径，因此，学

校必须要定调，把教学定为中心工作，重点从以下方面开展。

（一）建立正常的教学秩序

学校教学管理工作在很大程度上依赖于建立正常的教学程序。这就要求我们必须依法治校、依法治教。

（二）制定教学常规管理

制定教学常规包括制定教师教的常规和学生学的常规。例如，我校的日常教学管理制定了以下三点制度。

1. 加强备课质量，提高课堂效率，向四十五分钟要质量

教导处于学期初、学期末对各科教师的备课情况进行检查，并于期中考试前进行教案观摩，同时教导处要加强常规课管理，要求教师做到课头直奔主题，开门见山；课中反馈迅速，校正及时；课末训练充分，不留尾巴，最大限度地减轻学生课业负担。领导坚持听邀请课、推门课，及时了解教师的授课情况，督促教师提高备课质量。

2. 提高作业质量，加大质量检测力度

作业布置要有代表性、层次性、科学性。对作业检查不仅要看作业的正确率、教师的批改、学生的书写、作业本的保护，还要看是否开动脑筋对作业进行了个性化的设计。坚持数学、语文、英语的月测制度，教导处要认真组织阅卷、试卷分析。

3. 早读检查坚持不懈，培优补差不放松

教导处坚持每天检查早读情况，并定期、不定期进行通报、点评及总结，发现其中的不足，提出新要求。教导处要对学困生建立档案，实施跟踪管理。

（三）加强教学计划的管理

制订好的计划就是办好事情的一半，因此，我们非常重视教学计划的管理。首先，教导处要指导教师进行教学计划的制订，并根据学校实际条件，对制订教学计划提出要求。其次，教导处要结合教师的激励机制来配合管理计划的制订与实施。

（四）加强高效课堂研究

教研是一所学校的常规工作，也是一所学校的生命力所在。我们借鉴先进学校的经验，根据自身的实际，积极推进“自主合作”的课堂教学改革，构建高效课堂，组织教师前往珠海、山东、香港等地学习、观摩。同时，每月双周都举办灵活的教研业务学习，形式多样，或是远程教育的案例学习，或是教

学线领导做理论指导，或是骨干教师的经验介绍，或是年轻教师的心得分享，或是教师业务论坛。校内浓厚的教研氛围让全体教师的教育理念有了前所未有的提升，并潜移默化地落实在“高效课堂”的教学工作中，学生的主体地位逐渐确立，逐渐成为课堂的主人，自主意识不断增强。

搞好学校管理工作并不难，难的是校长应学会辩证思维，学会管理自己。校长如果能够事事处处以身作则，学校的管理、教育教学质量就一定能够上台阶、上水平，从而赢得组织的认可、社会的满意。

加强内因建设，预防校园暴力

校园暴力已成为社会热点话题，成为学校不可避免要解决的课题。综观其他学校发生的暴力事件，其原因是多方面的，有家庭、社会、教育体制、法制等外因，也有学校、师德、学生、管理等内因。对于外因，学校往往无能为力，如教育体制（人们常说的应试教育）、社会法制完善情况、法治程度等，学校就无法改变。而对于内因却是完全可以解决的，如师德、学风、课余生活、机制等方面的建设，通过这些建设可达到预防校园暴力的目的。

一、加强师德建设，为预防校园暴力奠定基础

“百年大计，教育为本；教育大计，教师为本。”由此可见教师的重要性。学校的教育虽不是万能的，但其重要性与必要性，谁也否认不了；而教育的成功就在于教师，换言之，校园暴力的预防很大程度上要依靠教师。而教师的工作成效，最依赖的就是其本人的师德素质水平。因此，学校必要加强师德建设，为预防校园暴力奠定基础。在开展师德建设方面，我认为需要做好以下三点：一是以学明德，熏陶学生。学校组织教师参加多种形式的学习，学习《中小学教师职业道德规范》以及教师先进事迹，务必通过学习使教师正确而又全面地明确师德，切实有效地提高师德修养。除了要求教师积极参与教育部门组织的各类知识的培训学习以外，还要求教师利用好时间充分进行自学，更要诚恳地向本行业、本校中师德优秀的教师学习，认真领悟、反思，牢记心中，用心感悟。二是以严强德，树信于生。教师要做到为人师表，为人师者要行得正、坐得端。教师树立自己在学生面前的人格威信是尤为重要的。教师要在明确师德的基础上，在日常的教学工作中，对自己的一举一动、一言一行严格要求，一丝不苟，坚守道德准则，时时提醒自己，对于自己出现的错误要用“小题大做”“杀一儆百”的态度来对待。如学校在推行礼仪教育的时候，先

倡导教师“献身教育、热爱学生、率先垂范、忠于职守、甘于奉献”的师德，要求全体教师不在校园内吸烟、不随便吐痰、不辱骂学生、不体罚学生等，以教师礼仪规范学生礼仪，以教师文明带动学生文明，让学生在教师文明中学习礼仪。这样，久而久之，师德准则就会牢记心间，教师的人格威信也会与日俱增。三是以爱施德，感化学生。师爱是师德的灵魂，师德建设离开“爱”就显得苍白无力，因此教师要打开心胸去爱学生，发自内心地、不自觉地按职业道德准则去爱。因为教师对学生的爱在性质上是一种只讲付出、不计回报、无私广博且没有血缘关系的爱，在原则上是一种严慈相济的爱，因此真正做到热爱学生并不是件容易的事，让学生体会到教师的爱更是困难。林崇德教授认为：“疼爱自己的孩子是本能，而热爱别人的孩子是神圣！”作为教师应当认识到这句话的本质，并加以实施，时时指导自己的言行，施爱于学生。久而久之，学生感受到了这种爱，他们就会把自己的爱无私地回报给老师，而老师也会享受其爱，激励自己，使师爱升华，师德得到铸造，最终实现教育的根本功能。师德建设水平上去了，校园暴力就会相对减少。

二、注重学风建设，为预防校园暴力增强内驱力

校园暴力的发生多以学生无心向学为基础。当学生无心向学后，结果就是打电子游戏机、逃学、旷课、谈恋爱，与社会上一些游手好闲的青年在一起，当其在学校受到欺负或认为被欺负时，无论是面对同学还是教师，都会找所谓的“好朋友”帮忙，校园暴力就这样发生了。说到底就是学生的学习兴趣全无，良好的学风无法形成。换言之，良好的学风会成为预防校园暴力的动力，而颓废的学风则成了校园暴力的温床。那什么是学风？简单地说就是学习的风气。学风看起来是无形的，却起着“润物细无声”的作用。有一个著名的自然现象：南美洲亚马逊河流域热带雨林中的一只蝴蝶，偶尔扇动几下翅膀，两周后就可能在美国得克萨斯州引起一场龙卷风。这个现象对学校的学风建设有启示作用：一个小的歪风邪气，如果不及时加以引导、调节，就会给整个学校带来非常大的危害或“风暴”；一个好的学习方式，只要正确引导，经过一段时间的努力，将会产生良好的轰动效应，或称为“学习的革命”。我曾任萃英中学校长，该校地处乡镇，教学质量一直处于全市同类学校倒数第二名，而且校园暴力常常发生。对此，我采取的办法之一就是开展一场“学习的革命”，即学风建设。我的办法是“重点突破，以点带面”，就是主要利用学校

最好、最强的资源，对全校最差的班级进行改造、培养，通过该班的成功来带动其他班级，以达到全校形成良好学风的目的。经过一年的努力，学校在次年的教学质量检查中获全市同类学校第四名，并获得成绩达标奖，这是学校开办45年来的最好成绩。

可见，优良的学风是学校的生命线，是促进学校不断进步的动力，也是预防校园暴力的内驱力。

三、丰富课余生活，为预防校园暴力注入吸引力

学生逃课，喜欢在外游荡而不喜欢校园，除了学习无兴趣之外，重要原因之一是学校的课余生活单调、枯燥乏味，从而造成整个校园对其没有吸引力。因此，在培养学生学习兴趣之余，学校要想方设法丰富校园生活，以增强学校对学生的吸引力，把所有学生都引到学校的管理范围内，引到学校的生活当中，既可培养良好的校风，又可预防校园暴力。那么如何丰富课余生活呢？我们可以通过开展“体育竞技”“文艺汇演”“主题班会”“畅游网络”“享受自然”“书屋寻宝”“校园论坛”“电影日”等活动来丰富各类学生的课余生活，如“体育竞技”，开展班际排球赛、班际篮球赛、田径运动会等，以适合运动型的学生；“文艺汇演”，利用一些节日开展以班为单位的文艺比赛，如国庆、元旦、五一、校庆等，以适合文艺型的学生；“畅游网络”，就是开放学校的电脑室，开通网络，把喜欢上网的学生引回学校，这样既可以让学生在教师的引导下正确认识网络，又可以因学生少接触社会不良青年而减少暴力事件；“主题班会”，每月每班举行一次主题班会，在教师的指引下，由学生自行召开，这样的主题班会，学生参加的热情度非常高，效果也很好；“书屋寻宝”，就是以学校图书室为基地，设立奖项，学生必须通过阅读才能完成。学校做到每周都有一次小活动，每月都有一次大活动，通过丰富的课余生活让学生感受学校生活的好处，从而吸引他们回到学校当中，回到班集体当中，回到学习当中，借此达到减少校园暴力事件的目的。

四、建立有效机制，为预防校园暴力提供保障

预防校园暴力的发生，学校应有相应的制度，在制度的实施与约束下，肯定会收到很好的效果。

1. 门卫制度

学校校门口有专人值班，对于想要进入学校的校外人员，一定要检查证件、问清事由。如果发生有人强行进入的情况，校门值班人员一定要及时报告给公安机关和学校政工处。

2. 宣传教育机制

定期邀请派出所及司法部门到学校进行法制教育，让全体师生充分认识到校园暴力问题的严重程度及其危害。充分认识这一问题，不但会促使师生群策群力，思考解决问题的办法，还会影响校园暴力的实施者和受害者的行为，使实施者减少侵害行为，使受害者增强自我保护的能力和意识。

3. 与派出所建立联动机制

学校把发生在校内以及周边地区的不稳定因素，尤其是可能引发暴力事件的因素及时报告派出所，派出所配合学校进行宣传、教育。对于实施暴力侵害行为的，派出所一定要及时依法给予惩处。

4. 家访制度

定期家访，加强与家长的沟通，把学生在校情况准确反馈给家长，让家长及时了解学生校内外各方面的动态，并做好对家长的指导和帮助工作。另外，学校要通过家长会、家长座谈会等方式，让家长懂得青少年心理发展规律，懂得心理健康的重要性，了解青少年年龄特点，懂得教育学生的正确方法，使学生健康成长。

5. 建立心理健康服务机制

青少年时期正是学习新事物、接受新事物的黄金阶段，他们在此过程中难免会产生各种心理问题，如果能及时对其进行帮助与引导，及时消除一些消极思想，相信会避免许多犯罪行为的发生。我们毕竟是农村学校，没有专职的心理教师，只能通过一定的培训来提高教师的心理教育水平。因此，学校选拔青年教师参加心理学培训，积极开展心理健康服务，开设心理咨询室，定期为师生举办心理健康、心理保健等专题讲座，并积极开展心理健康教育活动，对学生进行学习指导、生活辅导，使学生拥有健康心理，达到让学生快乐生活的目的。

对教育的体系、社会的机制、执法的缺失等，学校无能为力，但只要我们加强自身建设，有了高尚的师德、良好的学风、丰富的课余生活、有效的机制，校园暴力就会离学校越来越远。

第三篇

改革创新，使学校充满成长活力

“未来已来，将至已至”，我们生活在人工智能时代，若思想还是躺在过去而不为所动，不为所思，必将被社会淘汰、被时代遗忘！学校也必须适应时代的要求，跟随时代的步伐，改革创新。一所学校没有创新，必将是死水一潭；没有改革，必将是死路一条。所以，只有改革、只有创新，才能使学校保持活力，才能促使学校成为名校。

改革创新对全封闭学校管理的重要性

随着我国经济的快速发展和教育改革的不断深入，为适应社会发展的需要，封闭式教育管理模式出现了。全封闭式管理是一种崭新的学校管理思想，它是教育质量的有效保证，也是素质教育实施的有效途径。为更好地在教学管理上开辟新的局面，为学校的发展注入生机，学校必须坚持走创新路线，提高教育效益。

学校教学管理要不断满足社会发展的需求，并在不断前进的过程中修正传统教育存在的弊端，优化教学管理的模式和方法。在当今社会背景下，“开放”已经成为人们的共识，在教学上，教育部门也力求以开放的姿态来满足人的全面发展。然而，封闭式教育似乎以一种逆时代潮流的方式向教育教学发起了挑战。“封闭式管理”吸引人的地方是它能最大限度地隔绝外界负面因素对学生的干扰，使学生能够专心于学习，从而保证教学质量。如果要更好地发挥封闭式管理的长处，学校在教学管理上还需要不断改革创新，使学校的管理工作更加优化与完善。

一、全封闭学校的优点和不足

（一）全封闭学校的优点

1. 封闭式管理保证教学质量

封闭式学校的规则和纪律可以最大限度地排除外来因素的干扰，让学生专心于学习，教师专职于教学。封闭式的管理方式让学生在集体教育下形成相互竞争、相互学习的优良作风。封闭式管理几乎是教学质量的代名词，在现实的中学办学中大多数学校都引用了这种教学模式，尤其是在农村地区。由于农村生源较少，学生往往离家较远，这样势必会产生寄宿生，为确保寄宿生在校安全，学校必然会采取封闭式管理模式。

2. 封闭式管理有利于培养学生的独立性

全封闭式学校能够有效培养学生独立生活的能力。寄宿学校能给学生提供良好的生活条件，如食堂、开水房和洗衣房，学生远离父母，开始自己管理自己的生活和学习，这是学生迈向独立的第一步。学生终将要走向社会，封闭式学校能够帮助学生塑造适应环境的能力，同时在与他人的交往中锻炼交际能力。学生在这样的环境下，摆脱对父母的依赖，开始独立规划自己的生活，适应集体生活，这对学生的个人成长是非常有利的。

3. 封闭式管理有利于学生良好习惯的养成

在农村中小学，留守儿童或者监护人素质较低的现象还是存在，学生缺乏正确的引导，容易造成人生观、价值观的扭曲，缺乏爱心，不懂得感恩。封闭式管理能够保护学生免受外界负面因素的影响，给学生提供安全的学习和生活环境。教师在思想上的引导能够让学生适应集体生活，遵守集体秩序，有利于学生养成良好的行为习惯。学生的教育一部分是家庭教育，更大一部分是学校教育。青春期的学生处于叛逆期，容易冲动，是非判断能力差，封闭式学校教育能够有效避免社会上的闲杂人等和不良习气对学生行为习惯的影响，加上科学文化教育，引导学生的思想和行为往正确的方向发展。

（二）全封闭学校的不足

1. 学校氛围压抑，学生学习压力大

封闭式管理的规则和纪律可以排除外来因素的干扰，让学生形成“两耳不闻窗外事，一心只读圣贤书”的习惯。但是，封闭式教育在隔绝干扰的情况下，也隔绝了丰富多彩的外部世界。同样，教师和学生每天将生活重心都放在学习上，占用了生活时间，有时会适得其反，导致他们生活压抑。不管是学习还是生活都需要劳逸结合，过于繁重的学习压力让处于本该自由飞翔的年纪的学生被禁锢在狭小的教室里，这种压抑如果得不到正确的疏导很容易让学生产生厌学情绪。

2. 不利于学生个性化发展

全封闭式管理是有效管理的保证，它用严明的规范和纪律来要求每个学生的学习和生活，这样的教学模式容易让学生失去创造力，难以实现学生的个性化发展。在强调素质教育的今天，压抑学生的个性并非是一件好事，在要求整体规范化、制度化管理的同时，也应当给予个性化发展的空间。青少年时期的个人爱好有可能会对个人的职业生涯和发展规划起到决定性作用。给学生成长的空间，让他们自由自在地发展，让不同的个体之间存在差异性，符合青少年追求自我、追求卓越的天性。

3. 学校的管理压力增大

封闭式管理让学校的管理变得更加复杂，出现更多不可控的情况。寄宿学校的学生来自不同的家庭，不同的生活背景让学生之间很容易产生分歧或者矛盾，这种矛盾不经调解很容易被激化。学生入学后，学习和生活上也需要尽快调整，以适应环境，各种衔接工作也增加了学校的管理难度。此外，封闭的教学环境和青少年对外界的强烈好奇心难以平衡，学校领导既要抓教育，又要抓纪律，学生出了问题要担责的往往是学校领导。

二、全封闭学校创新管理模式的有效举措

1. 科学发展，绩效先行

不管是何种方式的学校管理模式，教学管理的目标都应该是培养符合社会发展需要的人才。学校的创新管理体系始终要为素质教育服务，而素质教育的核心是以人为本，科学发展。以人为本就是要教师根据学生的发展规律和发展需求，同时掌握社会的发展方向，制定出一个长期的、有效的发展规划。教学管理不仅考查学生的学习情况，还要从德智体美劳各个方面进行综合考查，培养学生全面发展。学校在制订教学目标的时候，一定要从实际出发，教学计划要符合科学发展理念，同时，对教师的考查也要与对学生的考查同步，并以绩效的方式给予保障。以这样的方式激励教师不断创新教学方法，探索新的教学方式，将提高教师素质和提高学生素质结合起来，在实际的工作中落实教学计划，使学校的管理工作能够得到贯彻落实。

2. 创新素养，从学校领导做起

校领导的个人素养对学校的发展来说至关重要，直接决定了学校的创新管理程度。创新素养指的是领导人主动学习创新管理理念，学习创新管理方法，结合本校办学实际，在工作中落实创新管理方案的能力。我们不难发现，在很多高校中，学校领导的为人处世和管理风格直接影响着学校的办学效率。学校领导既是管理计划的制订者，也是计划的坚定的执行者，校长要站在传统教育和创新教育的中间，延续传统教育的精华，结合现代教育实际，创新教育理念和方法。墨守成规在日益追求创新发展的社会中已经显得格格不入，要办好人们满意的教育就要重新审视传统教育中存在的缺陷。例如，过于强调教师

的绝对领导地位，而忽略学生才是学习的主体，在提倡素质教育的今天，这样的优先顺序应当要重新排列。创新学习是一个长期的过程，这就要求学校领导做到坚持学习，常学常新，在不同的学校之间组织学习观摩，以求达到共同进步的目的。

3. 理论实践，注重人才应用

学校的管理也要任人唯贤，给人才提供发挥聪明才智的平台。在学校的创新管理中，要注重培养理论和实践全面发展的管理人才。在教育行政主管部门允许的情况下，学校可以建立一个人才培养系统，这样就可以通过集中反映来处理学校创新改革发展中遇到的问题。全封闭学校面临的管理问题非常复杂，需要更为专业的管理人才参与其中。学校要把人才管理纳入发展计划当中，使之成为学校常态化管理的一部分。同时，每年可以安排本校与其他学校的管理经验交流活动，汲取其他学校的成功案例，结合本校的办学实际来进行创新尝试。人才是学校发展的根基，管理人才决定学校的发展质量，要善于吸收和发展优质的管理人才，制定科学合理的人才培养和激励机制，充分激发人才的创造性，建设高质量管理队伍。

4. 敢于实践，善于总结

没有十全十美的学校管理模式，全封闭学校的管理模式是中学管理的一次大胆的尝试，我们不可否认这种模式确实存在问题，但是从实际的办学情况来看，仍然是利大于弊。探索前进的路上难免会遭受质疑，但是这不能成为创新改革路上的绊脚石。学校要发展、要前行，必须要与时俱进，不然就会被时代淘汰。办学也要有改革创新的时代精神，敢于实践、力争上游是时代赋予我们的力量。针对管理中存在的问题，我们要深入分析问题所在，发挥管理人才的聪明才智，并不断总结、积累经验。大多数的中学尤其是乡镇中学都是采用封闭式管理模式，这样的模式下，不同的学校之间的教学质量差异有时候会非常大，究其根本，除了生源之间存在的差异，学校的管理也是重要的因素。要提高办学管理质量，教师队伍和管理队伍就要分工明确，目标统一，在实践中不断总结经验，同时学习他人的成功经验，不断优化教学管理体系。

三、结语

目前来看，全封闭管理模式只要充分发挥管理作用，就能实现利大于弊的目标。创新改革是一个动态发展的过程，学校管理者要想让管理带动学校的整体发展，必须要立足于本校实际，以科学的管理理念、优秀的人才队伍为基础，将理论和实践结合起来，常学常新，优化管理方法，善于学习和总结，以人为本，将培养符合时代发展需求的人才作为教学目标，引导学生德智体美劳全面发展。

参考文献

[1] 聂启勇.浅谈学校管理改革创新与科学发展[N].四川科技报，2015-10-28（007）.

[2] 张溢.论创新管理在学校教育管理中的重要性[J].教育教学论坛，2010（29）：150，152-154.

[3] 隋明山.锐意改革创新管理提升学校办学水平[A].献给新中国60周年·全国教育管理优秀成果（下）[C].北京：中国教育学会教育管理分会，2009：2.

[4] 陈学军.对封闭式学校管理的冷思考[J].当代教育科学，2004（18）：19-21.

推行“三自”德育管理

2010年以来，学校以德育教育为着力点，以礼仪教育为切入点，以“三自”教育为推进点，提出“以礼仪教育为主线，以丰富学生生活和班级文化建设为两翼，推进学生‘自我管理、自我教育、自我服务’”的“三自”特色德育管理模式。

我们的主要做法是：突出一个主体，重视两支队伍，搭建三个平台，建设四块阵地。

一、突出一个主体

以学校办学理念为指导，以特色德育模式为导向，开展以教师为主导、学生为主体的各类活动，突出学生“自我服务”“自我管理”“自我教育”的主体作用。

二、重视两支队伍

1. 学生干部队伍

学校在学生干部队伍建设上采取“链条+方块”的管理形式。以班为单位设立各类管理小方队，在团委的组织、统筹、带领下以链条的形式用制度将小方队有效地连接起来。如德育先锋，通过评选“先进先锋”以及“德育先锋”来与班的管理挂钩。

2. 班主任队伍

班主任队伍在学校里是非常重要的，它建设的好不好，直接影响到学校的德育工作与教育成效，我们应经常性、有计划地组织班主任工作会议、班主任分享会、班主任结对帮扶活动等。

喂喂草，马儿跑得快。我们应做到牛奶会有的，面包也会有的。对辛勤付出的班主任及时肯定与表扬，这一点非常重要，要看清、看准，更要说出来，有时候主管（抓级）领导说、管德育的领导说还不够，还得校长亲自表扬，这比金钱重要得多。当然，物质奖励也是不可缺少的，绩效工资方面，优秀班主任比普通班主任多2 000元以上，另外筹资设立各种奖项，人均达到1 000元，以此调动班主任的工作积极性。

三、搭建三个平台

1. 德育先锋

学校围绕“仁、和、思、真”四字的“武溪精神”开展“德育先锋”系列活动，由各班推荐学生成立“先锋小组”，并制订实施方案，每个学期都确定活动的核心和主题，每周也有相应的小主题，星期四晚上7：30—8：00由各班的德育先锋组织同学学习，填写学习反馈表，挑选优秀作品张贴在学校宣传栏和班级德育栏。同时学校组织教师把“德育先锋”编写成德育校本教材——《德育先锋》，以弘扬“武溪精神”，培育风采人才。“德育先锋”每天轮岗值日，对学生的不规范仪表和不良行为进行规劝，促使学生养成良好的行为习惯。

2. 文化艺术节

学校每年举行校园文化艺术节，以丰富学生课余生活、发挥学生个性为主要方向，致力于把校园文化艺术节打造成为武溪中学素质教育的一张名片。目前，我校已举办七届校园文化艺术节，极大地提升了学校的艺术素质教育水平，丰富了校园课余生活。

同时，学校开展“激情活校”活动。利用学生青春期活泼、激情的一面，发挥他们的主体能动性。学校充分发挥“仁爱园”的舞台作用，在下午6：00—7：00的时间段里，由团委会组织学生开展各种艺术活动，深受学生喜爱。

3. 学生会（团委会）

学生会是“三自”教育的重要载体，学校对学生会要做到两点：一是放权，二是放水。让学生会自己干，学校不插手，但放权不等于放手，学校通过评价来促进团委会工作。没钱，学生会是干不了工作的，保证经费充足是学生会干好工作的前提，在经费充足的保障下，学生会开展了环保义工行、石花山祭英烈、青春暖流敬老、三五学雷锋义卖、争创星级标兵班等活动。

四、建设四块阵地

1. 教室阵地

在教室阵地方面我们的重点是开展班级文化建设。每个学期学校组织开展班级文化建设评比和班级图书馆评比。班级文化栏目分指定栏目（德育栏、学习园地、金榜题名、成长足迹、班务栏、通知栏）和自选栏目，并对优秀的班级进行展示和表彰。

此外，学校还加强班级图书馆的建设，由每个学生每个学期自愿捐赠两本图书。经过多年的建设，如今学校的班级文化各具特色、书香氛围浓厚、教室环境优美整洁。

2. 学生饭堂阵地

对学生饭堂采取“划区分班定位”的方式进行管理，并成立“食堂纪律卫生监督管理委员会”，对各班进行管理，指导学生就餐，对在就餐过程中表现出色的班级或表现不好的班级，可相应在该班的班行为分上进行奖励性加分或惩罚性扣分。通过这样的特色管理，使学生受到良好的教育，养成了良好的就餐习惯。

3. 宿舍阵地

为推动学生宿舍的文明建设，创造一个温馨、整洁、规范的生活环境，使宿舍成为良好习惯养成教育的运作阵地，提高学生的安全防范意识，形成班主任与教官的管理合力，我校在2013年2月开始施行文明宿舍评比活动，由学生“宿管部”参与宿舍管理，各宿舍将每天的扣分表交给班主任，由班主任督促改进，每月得分达到95分以上的宿舍被评为文明宿舍，学校为其颁发牌匾。文明宿舍对应的班主任纳入优秀班主任评比当中，收到了很好的效果。

4. 校园文化阵地

学校注重校园文化与校园环境的建设，把“武溪精神”（仁、和、思、真）以景观的形式展现出来，既可以让学生在耳濡目染之中接受教育，又可以成为校园新景观，提升学校品位，还可达到教育融于景观、景观寓于教育的目的。同时，在走廊上、房屋上建设礼仪知识、礼仪要求牌或宣传标语等，充分利用学校每寸地方，让每一扇墙成为礼仪教育阵地，让每一个角落成为礼仪教育战场。

台山市武溪中学“风采”校本课程建设方案（试行稿）

校本课程是指学校学生所应学习学科的总和及其进程与安排。校本课程对教育目标、教学内容、教学活动方式进行规划和设计，是教学计划、教学大纲等诸多方面实施过程的总和。它分为国家课程、地方课程与校本课程。我校为了更好地实现学校教育目标，为国家输送高层次人才，特制订本方案。

一、指导思想

学校以党的十九大精神为指导，认真贯彻党的教育方针，全面推进素质教育，遵循教育发展规律，适应学校教学发展趋势，与时俱进，开拓创新。学校通过加强校本课程建设，进一步深化教学改革，推进教育创新，变革教学方式和管理方式，提高整体教学水平。

二、任务目标

（1）在国家课程的基础上，在地方课程的帮助下，武溪中学结合本校师资状况以及学生的兴趣爱好等实际情况，构建具有“武溪”特色的“风采”校本课程体系。学校拟用1～2年的时间，在全校范围内建设健全30门以上的校本课程，加以实施与研究，并使其达到省内先进水平。

（2）学校通过组织学生参加多种实践活动，使他们在课内学到的知识得到巩固和加深，同时获得更多展示的平台，增强自信心和表现力，为他们掌握课内基础知识提供广阔的智力背景。

（3）学校通过引导学生自己去组织、实践、探索，培养他们创造性地解决问题的能力。

（4）学校通过引导学生参加富有教育意义的活动，使他们受到良好的思想品德教育，丰富校园课余生活。

（5）学校通过组织学生参加有益的文娱活动、体育活动，养成科学的作息习惯，使他们生活愉快、身心健康。

三、主要内容

校本课程是国家课程的延伸，不仅可以使学生开阔视野、丰富知识、增长智慧、激发学习兴趣，还有助于学生巩固课内所学知识，强化兴趣特长，培养创新精神和实践能力。其主要内容如下。

1. 艺术类

艺术类包括舞蹈、合唱、演唱、铜管乐器、特色乐器、美术、摄影等。

通过艺术的熏陶，学校可以培养学生的爱美情操，发挥他们艺术的潜能，提高学生的艺术素养。

2. 体育类

体育类包括田径、男子足球、女子足球、男子排球、女子排球、男子篮球、女子篮球、乒乓球、羽毛球、花式跳绳等。

学校通过各项体育活动，锻炼学生的身体素质，可以使学生掌握卫生保健知识和简单的体育技能，培养学生的竞争意识、合作精神和坚强毅力，使学生养成自觉锻炼身体的好习惯，促进学生的身心发展，增强学生的体质。

3. 棋艺类

棋艺类包括中国象棋、围棋、国际象棋等。

学校通过棋艺活动，培养学生高度集中的注意力，同时培养学生自我控制、自我调节和自我教育的能力。

4. 文科类

文科类包括小作家、阅读（朗诵、主持人）、英语、品德、心理、历史等。

学校通过文科类的课外活动，培养学生说、读、写的兴趣与能力，从而提高文科类学科的教学水平。

5. 理科类

理科类包括数学、物理、化学、地理、生物。

课外、生活中的数理化知识往往是调动学生学习兴趣的亮点，此类知识的校本课程学习可以激发学生学习数理化的兴趣，提高学习理解能力，从而提高学习成绩。

6. 其他类

其他类包括厨艺、园艺。

通过学习厨艺、园艺知识，了解生活知识，掌握基本的厨艺、园艺技能，增强学生热爱生活的意识。

7. 科技类

科技类如科技制作。

通过自己动手制作、操作科技产品等活动，学生可以了解现代的科技水平及科技对生活和社会发展的影响，激发爱科学、学科学的使命感和责任感。

四、主要措施

（一）组织与管理

组长：余耀洪

副组长：陈锦庄、伍兆斌、朱健照

成员：吕凤海、陈金锐、黄惠娥、黄秀庭、黄现娥、李叠玲、黄慧铭、陈超科、吴艺裕、各班主任

（二）课程负责

1. 艺术类

负责人：朱健照

负责科组：图音体科组

2. 体育类

负责人：朱健照

负责科组：图音体科组

3. 棋艺类

负责人：陈锦庄

4. 文科类

负责人：陈锦庄

负责科组：语文科组、英语科组、政治科组、地化生科组

5. 理科类

负责人：陈金锐

负责科组：数学科组、物理科组、地化生科组

6. 厨艺类

负责人：余琼芳

7. 劳技类

负责人：陈超科

8. 科技类

负责人：李滚槐

（三）活动场地

项目	场地	项目	场地	项目	场地	项目	场地
舞蹈	舞蹈室	围棋	美术1室	女排	排球场2	历史	加强班
合唱	阶梯室	国际象棋	美术1室	羽毛球	体育馆	数学	录播室
演唱	音乐室	田径	跑道	花式跳绳	体育馆	物理	物理实验室1
铜管乐	工会室	男足	足球场1	小作家	图书三（1）	化学	化学实验室
特色乐	校友室	女足	足球场2	悦读	图书二	地理	物理实验室2
美术	美术室	男篮	篮球场1	英语	图书三（2）	生物	生物实验室
摄影	中厅	女篮	篮球场2	品德	三（10）班		
中国象棋	美术1室	男排	排球场1	心理	心理室		
厨艺	原历史室	园艺	农场	科技	图书一		

（四）活动时间

初一级：星期三下午最后两节课为大课间以及各课程开办的时间。

初二级：星期四下午最后两节课为大课间以及各课程开办的时间。

初三级：参加大课间活动（主要是跑步操）。

（五）教师管理

（1）由各负责领导以及科组共同商量确定课程负责教师。

（2）由教师根据自身特长自行申报相关课程。

（3）各类课程负责人共同协调确定课程负责教师。

（4）由各负责教师制定活动计划和相关制度。

（5）教师职责：

① 认真备课，有实质内容、有记录。

② 按时组织学生开展活动，做好课前点名工作，确保学生全员参与。

③ 各小组必须切实加强安全教育，对存在危险因素的实践活动，应提前做出安全预案。

④ 做好所在场室的卫生保洁工作，并注意做好关灯关门等工作。

（六）学生管理

（1）根据自己的兴趣爱好自行报名参加相关课程活动，以发展自己的兴趣和特长。

（2）班主任做好课程报名跟踪工作，同时注意做好调配，不能在某一项目上人数过多或过少。

（3）学生要准时到达指定地点，按照课程的要求做好准备工作。

（4）各组教师不得私自增加学生，需经学校批准同意方可增加。教师要严格管理学生考勤，对累计三次无故缺勤者以及自动退出小组的学生，应及时做好记录并上报给学校或所在班级的班主任。

（七）其他措施

各课程小组应在活动计划中明确本组活动成果的形式、展示时间和方式。成果形式可以是展览、汇报表演、技能展示、参加比赛取得的名次等，要求每学期至少有一次成果展示。

积极组织多种形式的竞赛活动，评选出优秀作品，设立作品专栏，提高小组成员的学习兴趣，巩固活动成果。

台山市武溪中学“分层教学”实施方案（试行稿）

一、分层教学的背景状况

1. 发展需要

武溪中学经历30多年的发展，到目前已进入了台山学校的前列，排在全市学校的前三名。但这些只是暂时的，随着教育教学的发展，各学校势必会迎头赶上，如水步中学（国防教育）、冲蒌中学（分流首校）、越华中学（台山书院首府）、海宴中学（走班教学）等。如不改革、不创新，继续原地踏步，我们势必将被其他学校赶上，甚至被超越。

2. 个体需求

学校德育的首要任务是“突出一个主体”——学生，这既符合新课改提出的“以学生发展为本”的理念，也体现出教育教学的个性化。我们认为教育机会均等的理念是建立在每一位学生都享有平等的、适合自身发展的机会的基础上的。追求平等并不意味着不管学生的差异性和个性而提供整齐划一的课程和教学，而是以尊重学生的差异性为前提。只有为每一位学生提供适合自身发展的学习机会，最大限度地促进其自身的发展，这样的教育才是平等的教育，才是符合大众的教育。

3. 课堂改革

随着上级各部门提出的课堂改革要求，学校提出大胆的设想，也迈出了关键的一步，那就是“互联网+教学”（科技教学实验班）。学校不是加工厂，学生也不是同质化的原材料，他们有着不同的文化家庭背景、不同的认知方式、不同的兴趣爱好和个性心理特征，如果不问青红皂白“一刀切”，必然会抹杀学生之间的差异。本来进校时有着各种差别的学生，从学校毕业后就成了相同模式化的产品，这何尝不是学校教育的悲哀。学生的经验不同，需要和兴趣也不同，我们只有尊重学生个性化的学习权利，激发其不同的探究兴趣，才能促进其获得完满的发展。个性化的学习权利需要教师的个性化教学和因材施教的能力。

4. 课程向标

教师的教学要尊重学生的个体差异，满足多样化的学习需要。教学中要鼓励与提倡解决问题策略的多样化，尊重学生在解决问题过程中所表现出的不同水平。主体教学和分层教学将把教师从课堂的“一言堂”中解放出来。课上，教师将从“知识的传授者”转变为“学习的组织者、引导者与合作者”；学生将从注重模仿转变为注重理解，从缺乏创造转变为注重创造，从热衷于过多的常规练习转变为提高基础及能力。学生的学习方式将从接受性学习向发现性学习转变。

二、分层教学的理论依据

何谓分层教学？分层教学就是教师根据学生现有的知识、能力水平和潜力把学生科学地分成几组各自水平相近的群体并加以区别对待，每一个群体在教师恰当的分层策略和相互帮助下得到最好的发展和提升。分层教学又称分组教学或能力分组，它是将学生按照智力测验分数和学业成绩分成不同水平的班组，教师根据不同班组的实际水平进行教学。分层教学法是在学生知识基础、智力因素和非智力因素存在明显差异的情况下，由教师有针对性地实施分层教学，从而达到不同层次教学目标的一种教学方法。

分层教学的理论依据古已有之，如“因材施教”“量体裁衣”等，在国外也有一些代表性的理论，如著名心理学家、教育家布卢姆提出的“掌握学习理论”，他主张“给学生足够的学习时间，同时使他们获得科学的学习方法，通过他们自己的刻苦努力，应该都可以掌握学习内容”。不同的学生需要用不同的方法去教，不同的学生对不同的教学内容能保持不同的注意力，为了实现这个目标，就应该采取分层教学的方法。苏联著名教育家巴班斯基的“教学最优化理论”表明，教学过程的最优化是选择一种能使教师和学生在花费最少的必要时间和精力的情况下获得最好的教学效果及教学方案并加以实施。苏联著名教育家苏霍姆林斯基提出的“人的全面和谐发展”的思想，关键就是实现人的全面发展。

三、分层教学的基本原则

1. 可接受性原则

可接受性原则要求教学的安排符合学生的实际学习的可能性，使他们在智力上、体力上、精神上都不会感到负担过重。在分层教学过程中，教师要充分考虑各层次学生的实际情况，包括其知识基础、学习方法、能力等方面的实际情况，从各层次学生的“最近发展区”出发设计教学目标，提出学习任务，使各层次学生都能“跳一跳，摘到果”。

2. 递进性原则

分层次教学的目的是开展有针对性的教学，而不是给学生贴标签，束缚他们的思想。分层的目的是使每个层次的学生都能获得最佳发展机会。所以，在教学中，我们提出“分层是手段，递进是目的”的口号，要求教师鼓励低层次学生向高层次发展，注重评价方法的改革，对学生多给予鼓励性评价，激发学生的上进心与自信心。

3. 隐蔽性原则

在分层教学中，如何给学生分层是一个比较棘手的问题，如果把班内学生按一定标准分为优等生、中等生、学困生，并明确告诉学生，势必会对学生产生不良影响：优等生会自傲，学困生会自卑。因此，我们在分层时采取了隐蔽性分层的方式，即只是教师心中有数，不明确告诉学生。同时，根据各学科的特点，采取不同的分层形式，有些学科可能只需A、B、C三层即可，有的学科直接分两层（如品德等文科），有的学科可能要更多层次。隐蔽性的分层方式可以尊重、爱护学生，调动学生的学习积极性，使学生的学习始终有持久的动力。

4. 反馈性原则

反馈是了解教学情况、掌握学生学习状况的重要手段，教师只有通过各种手段及时了解学生的学习状况，才能针对实际情况采取相应的措施。在教学过程中，我们通过练习、小测、摸底考试、提问、讨论等形式，及时了解、掌握学生的学习状况，并对其采取相应的措施。

5. 主体性原则

马克思主义认识论告诉我们，内因是变化的根据，外因是变化的条件，外因要通过内因起作用。因此，学生的学习过程应当是主动获取、主动发展的过程，而不是被动灌输的过程。只有通过内因才能把学习转化为学生的内在需求，发挥学生的主观能动性，把被动接受的“要我学”转化为主动进取的“我要学”。教学中，要先确定好三类目标，然后让每个学生根据自己的实际选择自己的目标，尽量让目标接近学生的“最近发展区”。一旦教学方法适应学生自身需要，师生情感就会得到相互沟通，因此，学生心里踏实，学得轻松、愉快，其主动性、积极性就得到最大限度的发挥。

四、分层教学的具体做法

1. 学生分层，了解差异，分类建组

我们在实际操作中，尤其在学生面前，不必太过于强调分层教学。因为分层教学可以无痕迹地融入我们的每一节课中，如问题的设置和选择回答问题的对象可以自然地进行。我们的幕后工作会增加，因为分层不等于简单地分三六九等，不同的学生、学科，分层方法不同，分层因学科而定。

（1）深入了解本班学生的学习成绩，并结合相关科目的能力水平测试，按照全班学生的知识基础、智力水平和学习态度等情况，把学生分为A、B、C三组。

（2）A组是基础组，这组学生的基础知识和智力水平较差，接受能力不强，学习没有自觉性，成绩欠佳。B组是提高组，这组学生的基础知识和智力水平一般，但学习比较自觉，有一定的上进心，成绩中等。C组是竞赛组，这组学生基础扎实，接受能力强，学习自觉，方法正确，成绩优秀。

（3）为了避免在分组时影响学生的情绪，伤害他们的自尊，我们要及时与A组学生进行交谈，让他们认识到这样做能更快地提高学习成绩，较好地增强学习和运用的能力。

（4）为了激发他们的学习动力，我们同步实行分组动态管理，每次成绩检测结束后，根据每位学生的成绩重新调整分组。例如，A组学生成绩进步了可以进入B组，甚至可以直接进入C组；反之，C组学生成绩下滑了也可能被调整到B组甚至A组。

2. 目标分层，针对差异，分类目标

在学生分层的基础上，教师要根据学科课程标准的要求，评估各层次学生的学习能力和成绩水平，对各层次的学生制订不同的教学目标。不同层次的学习目标，能让学生“跳起来摘到桃子”，不但没有学习负担和压力，反而学得更轻松，更有学习动力和意愿。

（1）对A组成绩在70分以下（建议用分数标准来分层，各科可根据自身实际进行调整）的学生，要求熟记课本中一些基本和简单的基础知识。

（2）对B组成绩达到70~90分的学生，要求掌握和熟练运用知识来解决一定难度的习题。

（3）对C组成绩在90分以上的学生，要求提高运用知识的能力，能完成较高难度的综合习题，适度扩展知识。

3. 教学分层，面向全体，因材施教

我们在分清学生层次后，要以"面向全体，兼顾两头"为原则，根据教材的知识结构和学生的认识能力，将知识、能力和思想方法融为一体，合理地制订各层次学生的教学目标，并将层次目标贯穿教学的各个环节。

（1）对A组学生，可以适当降低教学起点，浅讲多练，让他们弄懂基本概念，掌握必要的基础知识和技能，使他们能听得懂、学得进、跟得上；课堂上尽量提问一些简单的问题，使其能够享受成功的喜悦。

（2）在课堂教学的过程中，把B组学生作为重点教学对象，实行精讲精练，重视"双基"的传授，注重课本上的例题和习题的处理，着重在掌握基础知识和基本技能上下功夫。

（3）对C组学生实行少讲多练，引导他们课前预习、课堂独立学习，学会自己发现问题、自己解决问题，从而培养他们的综合解题能力、自我探究能力；对C组已具有一定思考解答能力的学生，要设置梯度，鼓励他们迎难而上，使他们在自己的"发展区"中有更大的突破。

4. 辅导分层，有的放矢，逐个击破

（1）第一种是分别对三个层次的学生进行单独辅导，从中了解各个层次的学生对教学内容的掌握程度，然后有针对性地进行辅导，使每个层次的学生都能完成各自的学习目标。

（2）第二种是充分利用"兵教兵"的方法，学生之间相互辅导。教师重点辅导C组学生，再由C组学生辅导B组学生，最后由B组学生辅导A组学生，充分调动每个人的学习积极性，使学生在辅导与被辅导的过程中强化对知识的认知和领悟，不断优化学习方法和学习技巧，将全体学生的积极性都调动起来。

5. 作业分层，掌握学情，精练巩固

作业能及时反映不同层次学生掌握知识的情况，能反映一堂课的教学效果。如何将各章节的作业进行分层，则要视知识的难易和学生掌握的情况而定。如果学生对某章节的基础知识掌握较好，则可以对该章节的基础题和提高题的深度适当增加一些。为了让不同层次的学生巩固好课堂中学到的知识，在布置课堂作业、课外作业时，对A、B、C三个组的学生分别有不同程度的要求：

（1）对于课堂作业和课外作业中难度较小的题目和教师自编的知识点习题等基础性作业（课后练习），要求A组学生必做。A组学生做模仿型作业，重在对基础知识的记忆和理解，使他们体验到成功的喜悦。

（2）B组学生做简单的变式作业，以基础作业为主，同时配有少量略有提高的题目（课后习题），以把握概念、掌握一般解题方法为主，使他们感受学习的乐趣。

（3）C组是基础性作业和有一定灵活性、综合性的题目（课后复习题）各半，对于其中难度较大的题目，以及开放性题目和新型应用题等提高题，要求C组的学生做，B组学生可以不做，但仍鼓励他们去尝试，能做几题就做几题。

6. 测试分层，阶段考查，分类考核

测试是检测学生对知识的理解程度和掌握程度。每一单元学完后，均安排一次过关考核，它以课本习题为主，着重考查基本概念和基本技能。根据A、B、C三组学生的实际水平和能力，同一份试卷拟订不同层次的单元测试题，以检测学生的学习成效。在拟订测试题时，把试卷分为两大部分：

（1）第一部分是基础题，分值为60分左右，三个组的学生必做，坚持以课本习题为主，重点检测学生对基本概念和基本技能的掌握情况。

（2）第二部分是综合运用和扩展探索题，分值为40分左右，这部分题目的拟订方法是：在每道试题中都安排了三道难易程度不同的小题目，根据A、B、C三组学生的实际水平和能力，直接指定三组学生分别完成，这样能让学生既有压力，又有动力，从而有效地增强不同层次的学生的自信心和学习自觉性。

7. 评价分层，体验成功，不断提高

分层评价是实施分层教学的保证，在对学生进行评价时，要对不同层次的学生采用不同的评价标准。

（1）教师要注意做好学生的发展评价工作，及时调整学生的组别。每个学生的学习情况不相同，知识与能力的发展状况也会不相同，及时进行调整对学生的后续发展有很大的促进和帮助作用。

（2）对A组中学习有困难、自卑感强的学生，要多给予表扬，寻找其闪光点，及时肯定他们的每一点进步，培养他们对学科的兴趣，激起他们对学习的自信心，使他们看到希望，逐渐消除自卑。

（3）对B组成绩一般的学生，采用激励评价方法，既指出其不足，又指明其努力方向，促使他们不甘落后，积极向上。

（4）对C组成绩好、自信心强的学生，采用竞争评价方法，坚持高标准严要求，促使他们更加严谨、谦虚，更加努力拼搏。

比如测试完后进行总结发奖，按层次评出学习标兵和进步学生，这样不同层次的学生都得到了关注，也就充分调动了各层次学生的积极性。

评价的分层重点不在分数，而是诚信程度，进步幅度。

五、分层教学的措施要求

1. 加强领导，责任到人

分层教学实验是学校的一项重要工作，特成立领导小组，具体名单如下：

组长：余耀洪；副组长：陈锦庄、陈金锐；成员：李叠玲、吴艺裕、李浩才、马五海、顾刚、余超锋、黄芬芳、李健儒、各科备课组长。

在教导处的领导下，由各科教研组长负责各科的分层教学工作的推进。

2. 加强研究，集体推进

各备课组每周都有教学研究，大家贡献智慧，轮流出卷，材料共用，经验共享，难题共解，互相帮助。

3. 加强督查，及时评价

教导处要加强督查，对各教师的备课、作业、评价进行有效的督查，注重各个工作环节的落实。例如，以问卷调查的方式反馈、评价分层教学。

孩子的品质比成绩更重要

——略谈孩子的诚信教育

决定孩子将来成就的因素不是学习成绩，而是良好的品质。从我的孩子呱呱坠地那一刻开始，我就有了这样的理念，一直以来我也将这种理念渗透到生活与教育之中。在这个过程中，我重点培养孩子“乐观、礼貌、诚实、勇敢”的优良品质。在此，我简单谈谈培养孩子诚信品质的体会。

一、千万不要骗孩子

绝大部分家长都知道培养孩子的诚信品质很重要，但能做到不欺骗孩子的家长却少之又少，甚至不少家长以“美丽的谎言”为借口为自己的欺骗开脱，殊不知小小一个谎言足以影响孩子的一生。

在我的孩子很小的时候，我们会刻意带他到公共场所，目的是培养他的勇敢与礼仪。有一次，我们到朋友工作的酒店饮早茶，由于工作的特殊性，她对我们说：“叫孩子跟我到里边拿点心，可以免费。”儿子看看我，若有所思地说：“爸爸，这可以吗？”我看着他，心头一震！那种行为是“偷”啊！坚定地说：“不可以！”回家后，我再和他说当时的事，虽然他不十分理解，但起码我让他知道了家长的立场。

二、不要轻易怀疑孩子

苏联伟大的教育家马卡连柯非常注意对孩子的信任，他认为，信任可以培养孩子的诚信。对于信任，我经常犯些低级错误，如要求孩子吃完饭在房间里学习半小时，我会隔一段时间进去看一下孩子是否在偷懒。这种行为看似很好，而且能检查孩子的作业，但会使孩子形成家长对其不信任的印象。

父母往往自以为掌握了证据而怀疑甚至批评孩子时，已经给孩子灌输了父母的怀疑思想以及怀疑行为的意识，让孩子心底里有一种“父母不相信我！”的声音，结果导致孩子用撒谎来对抗，这就更加滋长了孩子不诚信的思想。

后来，我们改变方式，以作业时间多少、作业质量等作为衡量他学习质量的标准，取得了很好的效果。

当然，信任孩子是要讲艺术的，尺度把握不好就是听之任之。

三、适当满足孩子的合理需求

孩子不诚信的行为大部分是出于某种需要，如果孩子合理的精神需要、物质需要没有得到满足，他必然会寻求满足需要的办法。如果父母对这种合理需要过分抑制，孩子就会换一种方式，以某种不诚信的行为来满足自己的需要。

我儿子的排便不好，为了使孩子能养成排便习惯，有一次，我对他说：“斌斌，今天不大便不准玩游戏！”下了死令，他若有所思地走进厕所，过了一会儿，我听见马桶的冲水声，他出来对我说：“爸爸，大便了！”“哦，那可以玩了！”他虽喜形于色，但眼睛却闪烁不定，在他专心玩电脑时，我到厕所检查了一下，果然不出所料，连手纸都没有用。一审问，全部招供，不为什么，只是怕爸爸不准玩电脑。

因此，父母应该认真分析孩子的需要，尽量满足其合理的部分。如果孩子的书包确实比较破旧，就可以给孩子买一个合适的；他喜欢玩电脑，就可以采取限时或奖励性的办法让他玩。当然，对于孩子的价值观来说，爱漂亮并不一定是他真正想得到新书包的原因，有时候是因为同伴而产生的需求。作为家长，充分理解孩子的需要，适当满足他的需要，有助于培养他的诚信。

除了以上所述，家长的榜样示范也是非常重要的。总之，孩子的诚信培养比学习成绩更重要。

态度决定一切

——从学习香港风采中学想到的

第三次踏进香港风采中学，同样的地方、同样的学校、同样的领导，而内心的感觉却不一样，有点陌生，有点熟悉，同时有点亲切。离开风采中学足足一年，的确有点陌生，毕竟已有两次经历，记忆中的风采还没有褪色，他们的热情让我倍感亲切！

我在风采中学一天，时间短暂，了解到的也只是皮毛，但足以令自己反思与学习。

俗话说“一个好校长带出一所好学校”，我深信它是正确的。在校长有明确而正确的态度时，既是体现他的价值观的时候，也是体现一所学校的价值观的时候。风采中学，从曹校长到负责德育的何副校长，再到负责教学的周副校长，均有正确的办学态度、清晰的教育教学理念，并能把这样的理念与态度传递、渗透给全体师生，付诸日常教育教学实践。每天进行无钟声集会，每年有一个德育主题，每个学生都要参加一个联课活动等。全校28个教学班，68位教师，平均每位教师每周工作量达24课时，听不到教师怨声载道，看不到教师抗议投诉。听到的是教师激情讲课，看到的是教师积极工作，或下午放学后自觉留学生进行辅导，或利用午休的时间进行辅导，没有物质的奖励，只有责任的付出。学校成立10年，已成为香港北区的教学明星，很多科目平均分高于全港平均分，甚至排名第一。不因为别的，只因为学生是我们的下一代！这既是一种理念，更是一种态度！

纵观武溪中学，办学态度鲜明，提有办学理念——“用武溪精神培育现代风采人”，其意是利用余靖公“仁、和、思、真”的为人为官精神来培育学生，使其成为有修养、有文化的社会主义接班人。采取实施“以礼仪教育为主线，以丰富学生生活和班级文化建设为两翼，推进学生‘自我管理、自我教育、自我服务’”的德育模式；采用探索研究“三步三导”高效课堂的先进教学模式，致力于打造“品学质量优秀、育人环境优雅、办学设施优良、管理机制优善”的台山市优质学校。在学校态度的影响下，教师敬业精神被激发出来，许多教师放弃休息时间用于教学研究、学生辅导。成绩也逐步显现：德育工作连续三年得到教育局表彰，分别获台山市德育示范学校、台山市文明学校、台山市优秀学校等称号；中考连续六年取得优秀达标，更夺得中考达标特等奖，列全市第二位；品牌效应也越来越大，在全市生源锐减的情况下，还保持着年年增长的势头，可见社会、家长、群众对学校的认可。我认为，此乃态度之作用。我们学校成绩虽有之，相比风采中学，礼貌教育也有先进的一面，但我们的理念与风采中学相比，却未具先进性，还应在工作中加以探索与改进。

本次到香港学习，余氏宗长们的慈善态度也使我们深深感动。绍凯董事长会同其他宗长于酒店热情接待；海虎教授亲临风采中学，并深入课堂，其认真态度不亚于任何一位师生。宗长们不仅关心我们的行程，更关心我们的生活，可见余氏宗长对我们的关心与爱护。晚辈等无以为报，只能以积极、认真的态度投入工作。

三天的外出学习基本结束。晚上7时许我回到台山，10时左右所有的学生也安全回到温馨的家中，悬着的心头大石终于落下！开阔视野、增长知识、拓展思维，许多人都知道外出学习交流的重要与作用，但谁能体会个中巨压的滋味呢？外出学习最大的困难不是学习是否有效，也不是组织是否严密，更不是经费是否充足，而是师生生命是否安全。毕竟是离家离境，不确定因素很多，所受到的安全威胁无处不在。对此，我们的态度非常明确：任何师生不出任何问题。整个行程，无论是住宿还是逛街，无论是学习还是观景，无论是搭车还是乘船，所有教师均配有安全管理任务，要求分工合作，全神贯注，各司其职，无处不显示着教师对学生安全的负责态度。虽然面临巨大的安全压力，但还是毅然出行，同样彰显着我们学习的决心，这难道不是我们寻求进步的一种态度吗？

是的，态度决定一切！

信息技术在中学生教育管理中的妙用

当今社会逐渐变成信息化社会，信息技术在人们生产生活的各个领域广泛应用，为人们提供了极大的便利。同时，信息技术也渗透到教育领域，学校开始在教育管理中采用信息技术管理方式。通过分析当代中学生教育管理的现状，我发现了中学生教育管理中存在的几点问题，提出了利用信息技术加强中学生教育管理的办法，进而创造出一个灵活化、高效的中学教育管理平台。

随着经济技术的不断发展，新课程改革不断深入，传统的教育管理方法已经不再适合中学生发展的需要，教育管理体系改革迫在眉睫。信息技术为人们的生产生活提供了便利，将信息技术与中学生教育管理融合，构建一个高效、灵活并且高度开放的教育管理体系，是新时代对中学生教育管理提出的新要求。

一、中学教育管理的现状和存在的问题

1. 管理内容复杂

中学生的教育管理包含很多方面，如学习管理、纪律管理、饮食管理以及住宿管理等，管理内容较多并且形式复杂，这对中学教育管理人员来说是一项挑战，如何将中学生学习和生活的各个方面管理好，为中学生的学习提供一个良好的学习环境，是每位管理人员都希望解决的问题。传统的教育管理方式对人力要求巨大，如纪律管理需要派专门的纪律管理人员对学生进行监督，这是一个费时费力的系统化工程，一些教育管理人员感到力不从心，最后在教育管理工作中产生消极心理，导致中学生的教育管理工作得不到有效提高。

2. 信息化意识薄弱，设备落后

现在是信息化技术高速发展的时代，人们逐渐对信息技术产生了依赖心理，尤其是智能手机出现以后，大多数中学生都时刻关注着手机中的动态，

如微博、微信、新闻娱乐等。这与中学生的学习任务形成了冲突，对信息技术错误的使用方法不仅不利于教育管理，还会影响学生的学习成绩。中学教育管理人员对智能手机的态度只是一味地拒绝，发现学生在学校使用手机就采取没收的办法，这是信息化意识薄弱的体现。管理者不了解信息技术对教育管理的有效作用，不能有效利用信息化管理手段，是对信息化技术的一种浪费。一些中学虽然引进了知网、维普等数据库，但是相关文献的年限较落后，不与时代发展相一致，对学生的意义不大。学校的信息设备也得不到提升，而学生天生具有对新鲜事物的好奇心和对古板事物的排斥感，落后的信息技术设备不能激发学生的兴趣，导致中学教育管理中因信息化设备更新滞后而发挥不了应有的作用。

3. 教师的信息化班级管理理念缺乏

班主任对学生的管理是中学教育管理中的重要组成部分，目前中学班主任的班级管理存在管理与教学失衡的情况，具体表现是教师面对巨大的教学压力缺乏班级管理的精力投入，在班级管理中缺乏摸索和创新，信息化管理技术得不到良好的应用。

二、信息技术在中学教育管理中的应用办法

1. 利用信息技术管理学生的学籍

传统中学生学籍管理办法主要是工作人员手动记录学生的学籍，纸质的学籍记录方式不仅占用大量的时间和空间，还不利于工作人员的查找，导致教育管理工作的效率极低。而利用信息技术将学籍信息记录在电脑中，不仅节省了时间和空间，在查找相应的学籍信息时只需要输入相关关键字即可，大大提高了教育管理人员的工作效率。

2. 利用信息技术管理中学生的考试成绩

与学籍相似，利用现代信息技术管理学生的考试成绩可以节省时间和空间，提高教育管理人员的工作效率，也为查阅成绩提供了便利。同时教育管理人员录入学生成绩后，将学生的学习成绩上传共享给学生家长，学生家长可以在信息技术的帮助下更便捷地获取学生的考试成绩，进而制定出相应的中学生教育指导策略，有利于教育管理工作的进行。

3. 班级日常管理信息化

新时代下，QQ、微信、微博等社交媒体高速发展，在人们的生活中占据

了越来越重要的地位。在班级的日常管理活动中，教师可以利用这些社交媒体加强班级的管理工作。例如，教师利用QQ、电子邮箱等方式与学生保持联系，学生遇到学习上的问题可以向教师寻求帮助，教师再结合学生的问题对班级管理计划做出改进，达到管理班级的目的。

再如，班级中的某位学生在学习取得进步后，教师通过电子邮件的形式对他进行鼓励，抑或是班级中有学生过生日时，班主任给他送一张电子生日贺卡，同学给他送一份生日祝福等。这种方式增加了班级中学生的良好互动，有助于形成良好的班风，有利于班级朝着更好的方向发展。

在班级管理中，教师还可以利用信息技术与中学生家长进行实时沟通。比如教师建立一个学生家长微信聊天群，在群中家长可以向教师询问自己孩子在学校的学习情况，教师也可以通过家长了解学生的家庭情况，并及时与家长沟通，教师根据学生的家庭情况以及家长对于学生学习的态度等制定中学生教育方法，并与家长达成共识，使学生在班中和家中都能接受相同的管理和教育，有利于学生的成长和进步，达到事半功倍的教育管理效果。

4. 加强信息资源建设

信息技术不仅能为学生提供日常信息，还可以成为学生的学习工具，教育管理人员应对信息技术的这种功能有足够的认识，在教育管理过程中以活动的方式帮助学生运用信息技术提高自身的学习效率。时代的发展要求在教学活动中融入信息技术，中学教学中，将新课程改革的观念与信息技术融合起来，使信息资源的使用变成教学理念改革的一种实施办法。在这一过程中要求学生形成自主学习意识。在进行教育管理信息化建设时，贯彻教育管理是为师生教学和学习过程服务的理念，将信息化技术变成学生的学习资源和教师的教学手段：教师在课堂上利用信息化技术为学生演示相关内容，并引导学生形成自主收集学习资料的习惯，进而自主地提出问题、解决问题，帮助学生形成利用信息技术提高学习效率的能力。

5. 建立信息化环境

信息化环境分为信息硬件环境和信息软件环境，硬件环境主要是学校机房内的计算机建设、网络的覆盖以及计算机硬件配备，软件环境则主要是校内师生运用信息技术的情况。建设信息技术硬件环境需要管理人员投入一定的精力和资金，建立信息技术软件环境则主要是构建良好的校园氛围。学校可以组织和举办各种活动，如举办计算机网络技术大赛以及课件制作比赛等，充分调动学生的积极性，提升信息技术的运用能力，帮助学生改变以往运用信息技术的习惯，将学生从观看微博、微信等行为转移到自主学习上。

6. 灵活运用教育管理方法

新课改理念下加强中学生教育管理的主要目的是促进学生共同发展，帮助学生养成自主学习的习惯，改变传统教育管理中一味约束学生的管理方式。这就要求教育管理者创造灵活的教育管理方式，在信息技术的运用指导下，用形式多变的教育管理方式达到教育管理的最终目的。

例如，优秀的教师懂得灵活运用自己的教学方式，结合学生的实际特点制定符合学生发展特点的教学方法。他们在制作教案时都会根据自己的喜好与实际记录教案，有的教师以漫画的形式呈现教案，有的教师用视频的方式呈现教案，还有的教师用图片的方式呈现教案，其中运用视频呈现教案时就用到了现代信息技术，而视频呈现教案的方式较传统的教案呈现方式有诸多优点，能更好地达到教育管理的目的。一位教师运用现代信息技术完成了一份优秀的课程教案，可以上传，与其他教师共享。信息技术是一个非常好的平台，可以帮助教师更好地完成教学工作，同时学生也因此得到了更好的教育管理。

三、结语

现代信息技术影响着人们的日常生活，在现代社会中发挥极着其重要的作用，通过分析我国中学教育管理现状，指出传统教育管理的弊端，提出在教育管理活动中结合现代信息技术的管理办法，利用信息技术管理学生的学籍和成绩，利用信息技术与学生家长进行良好的沟通，以及利用信息技术灵活转变教学方法等，都能有效地促进了中学生教育管理工作，提高了中学生教育管理效率，帮助中学生更好地开展学习活动，为中学生未来的发展打下基础。

参考文献

[1] 王冰石.试论高中信息技术参与式教学模式建构 [J].科学技术创新，2013（6）：184.

[2] 张佳宁.浅论中学信息化建设对中学生的影响 [J].文教资料，2017（8）：134–135，139.

[3] 汤飞.中学信息技术课堂行为管理 [J].中学课程辅导（教学研究），2016（14）：229.

基于信息技术在农村初中数学分层教学中的实践与研究

当今社会，信息技术高速发展，多媒体教学有教学内容广泛、教学资源丰富、教学过程生动形象、教学效率高等优点。

分层教学是通过正确评估自己的教学能力来对学生施教的。在对学生进行分层后，我们将教授不同层次的学生。C级学生需要有效地解决问题，应设计一些具有一定难度的问题，使学生能够深刻理解基础知识，灵活运用知识，培养学生的创造力和创新精神，培养学生的个性。B级学生需要初步解决教材中的中难度问题，培养良好的学习习惯。设计问题时应该有一些难度，要求学生精通基础知识，灵活运用基本方法，培养理解能力和思维能力。A级学生只需要理解和掌握最基本的知识，并解决教材中的"双基"问题。通过课堂一对一的辅导和小组互助，让A级学生尽快走上数学学习的道路，让他们喜欢学习数学，并对数学学习充满信心。

如果能够把信息技术融入农村初中数学分层教学，我们就能够使教学更加生动而富有效率，并且使分层教学的效率更高。我校虽然是一所欠发达地区的农村初中，但依然不遗余力地下大力气想方设法创建了三个科技实验班，其中八年级一个、七年级两个，进一步推动信息技术更好地应用于课堂教学，构建新型的教学模式，提高课堂教学的有效性。因此本文将基于信息技术，对分层教学进行探索和实践，旨在更深层次地帮助学生提高成绩，使分层教学的效率更高。

一、农村初中数学分层教学概述

分层教学包括：①根据学生学习情况确认分层方法；②制订分层次教学计划；③在每个教学课程中实施分层教学；④定期考评。

目前在农村初中数学中，分层教学的实施必须在整个教学环节进行准备，包括课前备课、课堂教学、课后培训、家庭作业、评估、课后辅导等环节。只有把分层教学渗透到每个环节，才能够让学生得到合理的提高，以及能够充分地提高环节作用，增强整体的学习效果。可是到目前为止，我们只能通过教师的线下教学来实施，还不能关注到每个学生的每个环节。

同时在定期考评中，学生的成绩不能实现数据化、系统化。因为定期考评的成绩的意义在于：如果总体评分良好，则会对A级学生进行评价，并且前两种类型的学生需要进行自我评估或同级评审；如果整体得分普遍较差，则意味着大多数学生对测试知识掌握得不好。

以上是当前农村初中数学分层教学的基本情况。

二、将信息技术引入农村初中数学教学的必要性

当今的社会是一个以信息为基础的社会，各地应积极创造条件，逐步实现每个学校和每个教室的多媒体教学，要努力培养学生的创新精神和实践能力，促进中小学教学方法的根本转变。多媒体和网络技术必将用于平时教学，并与课程有机结合。多媒体教学模式将过去教育的单一讲授模式发展为学生、教师、媒体三者互动的多元模式；学生的学习方式从被动接受知识转变为通过现代教学媒体积极学习知识。

1. 可以创设情境，激发学生的学习兴趣

兴趣是最好的老师，结合具体的教学内容，设定情境，让学生听录音，看生动的画面，通过声音和图像、动态和静态的结合以及场景的感官刺激，使学生尽可能沉浸其中，创造出令人兴奋的情境效果。这激发了学生学习的兴趣和好奇心，并调动了他们学习的积极性。

2. 能够跨越时空限制

教学设计中的内容、情境和过程都在课堂上再现，抽象思维通过具体和形象的两种方式相结合，展现出来。

多媒体教学可以不受时间和空间的限制，生动地再现课堂教学内容，还可以导入大量课外材料。利用这种方式，学生可以通过形状和声音的变化以及事物的变换直接获取知识并加以理解，转化成自己的知识。

多媒体技术与网络技术相结合，形成新的开放式学习风格。多媒体技术的新开放式学习风格，特别是网络技术的参与具有鲜明的时代特征。传统教学

中无法实现的方法，多媒体技术可以很好地实现，这种新的学习方法可以满足学生知识转移的需求，反映信息社会对个体创新能力发展的要求。

3. 信息技术引入农村初中数学分层教学的实践

我们对初三毕业班的学生进行了细致的分级，根据学生的学习兴趣以及学习成绩综合考虑，利用电子数学试卷评测，记录了学生的考试成绩，并且根据系统考试成绩进行划分，顺利完成了分级，分别是：

A级——学习兴趣不够浓厚，理解能力、基础比较差，成绩在60分以下，学习成绩欠佳，不太稳定。

B级——学习兴趣经常产生波动，理解能力、基础中等，成绩在60分到90分之间，学习成绩波动比较大。

C级——学习兴趣浓厚，理解力强，基础扎实，成绩一般在90分到150分之间，相对稳定，且成绩不会波动。

平均每个级别有两个班级。

分层教学的时间在3月1日—6月13日，也就是从毕业班3月份调研一直到中考复习结束，这段时间是学生复习的关键点。首先，因为3月份至6月份是调研考试比较集中的时候，与此同时，我们可以轻松地分阶段测试分层教学的结果。其次，在3月份之前，学生通过了第一轮基础评审和第二轮专题评审，对于初中数学的大概框架有了一个比较清晰的认知，有利于分层复习的开展。最后，在这段时间，学生对于马上到来的中考，心理上都会出现不同层次的波动，因此采用分层教学的方式也有利于学生心理的安抚。

在备课上，采用网络备课方式，筛选不同的题型，根据不同的难度及不同模块进行组合。

在教学过程中，我们主要采用多媒体教学方法。初一、初二的时候欠账太多，一轮复习、二轮复习学生兴趣不大，也造成基础知识的漏点比较多。传统的教学方法，教师再次复习时不能很好地吸引学生。许多数学问题来自生活和生产，让数学教学变得生动，这会让学生的思维变得兴奋，激发学生获取知识的欲望，充分调动学生的学习积极性，使学生从被动接受知识转变为主动学习，增强学习兴趣，加上适当的启发和指导，鼓励学生积极思考，引起学生探求新知识的欲望。因此通过多媒体课件的形式，学生更容易被吸引，并且通过色彩和数学概念动态展示，使学生更有可能对数学的整体结构有一个生动的印象，并提高他们学习的主动性。B级学生并没有掌握应该掌握的全部知识点，导致成绩在中游，不能完全地理解学习的重难点，需要在基础知识上以及题型总结上多多接受辅导，注重基础知识的累积。我们在课堂上采用了延伸知识部分的多媒体课件展示，利用信息技术的高度分类特点，将学生容易出错的部分课件化，延伸和巩固了课堂外知识，并且能够利用课件的展示性，帮助B级学生弥补目前知识点的不足，并且在重难点部分可以多进行引申和练习。这样有针对性地将信息技术化引入课堂教学的环节，使我们能对不同层次学生的教学重点有一个准确的判断和把握。

在课后辅导环节，我们采用了全屏化作业讲解，将每章节重难点题型的讲解放在学生的课后复习中，录制成视频，方便需要自主学习的学生进行自主复习。通过全屏化的作业讲解，让同样层次的学生能够一起面对自己的难题，取长补短。在讲解作业的过程中，从浅层到深层，巩固各级知识，使不同层次的学生都能够在数学学习中获得不同的教育，让每个学生都获得相同的发展机会，取得进步。

使用Flash多媒体软件帮助空间想象力差的学生，在传统教学中培养锻炼学生的空间想象力。教师花了很多时间和精力突出教学突破的关键点，学生可能不理解，如果使用多媒体教学，学生就会容易理解。因此，它可以收到传统教学无法比拟的效果，有效地提高了教学效率。如在“轴对称图形”的评论部分，使用几何草图板折叠图形进行动态演示，允许学生反复观察和比较图形变化前后的异同，使本课理解难度降低，极大地提高了教学效率。

三、结语

只有正确认识信息技术在课堂教学中的作用，才能使信息技术适用于分层教学。农村初中数学分层教学一直都有分层明显、传统、效果不好评定、环节固化的特点。通过信息技术的应用，可以在教学方法上进一步改革教学理念、教学内容、课程体系、教学方法，提高分层教学质量。总之，信息技术在教学中的广泛应用为教育带来了新的活力。合理运用信息技术，发挥其优势，可以不断提高初中数学分层教学的质量，使农村初中数学教学真正走向现代化。

参考文献

[1] 柯清超，陈蕾.信息技术与教育深度融合的新发展——首届全国中小学信息技术教学应用展演述评[J].中国电化教育，2013(8)：35-39.

[2] 于英杰.分层教学理论在信息技术教学中的应用[J].学周刊，2013(6)：59.

[3] 张慧芳."目标分层教学法"在信息技术课程中的应用[J].考试周刊，2007(15).

[4] 李丽.分层教学分类指导——谈在计算机教学中的分层次教学[J].现代企业教育，2007(4)：2-3.

我的校长观之尚“礼”教育

一所全封闭管理的学校，以什么为切入点抓出特色呢？这就是我刚到武溪中学思考最多的问题。经常听人说“学校一定要办出自己的特色”，那么，我们的特色是什么呢？如何把它办出每位师生心中的特色呢？纵观台山的学校，每所学校都有自己的特色，而武溪中学呢？真的没有！如何办？

一直以来，在我的心中德育工作总是比教学工作重要，而且自己有一个观点就是“抓好德育，必定会带好教学；抓好教学，未必带好德育”。因为抓好德育工作，必定会形成好的班风、校风，那么学风就自然而然地形成了，学风形成了，教学成绩何愁不好呢？

所以，2011年，我在武溪中学提出“以礼仪教育为主线，以丰富学生生活和班级文化为两翼，推进学生‘自我管理、自我教育、自我服务’”的德育模式，主要做法是“突出一个中心，重视两支队伍，搭建三个平台，建设四块阵地”。收效还是非常明显的，几年时间里，我们获得了广东省安全文明学校、广东省依法校治达标学校、江门安全文明校园、江门市依法治校示范学校、台山德育工作先进单位、台山市道德讲堂先进单位等称号。教育局还于2017年4月在我校举行了台山市全市德育工作现场会，全台山140多所中小学近200名学校德育领导参观学习，到会的同志对我校的德育工作给予了一致好评。台山广播电视台《百峰山下》栏目组多次来校进行跟踪报道。2019年，广东广播电视台《广东新风采》栏目组又来校采访，使学校知名度大大提升。到目前为止，学校的德育工作及其成效受到家长、社会、上级的一致好评，因此，我们更加坚定了抓好德育的立场。

德育工作的有效实施增强了我对学生礼仪教育工作实施的信心。想起当初实施礼仪教育所面临的压力，心有余悸。

2010年9月，我在学校提出，所有学生必须剪短发，其中对女生的要求是

"前不沾眉，后不沾领，中不过耳"。一时间捅了马蜂窝，行政领导不认可，班主任反对，家长、学生反感。我不断解释，主要有三点原因：一是培养学生的规则意识，学生在校必须要有一个学生的样子，不能我行我素；二是有利于学生的生活，因为我们是全封闭办学，而且学生的宿舍非常拥挤，一间宿舍住20人，学生的日常洗漱都成问题了，长发就更麻烦了；三是便于学校管理，有的学生下午洗了头发，披头散发趴在桌上，教师不走近是不知道她在干什么的。由于我的坚持，虽然存在诸多反对意见，但这一制度还是实施起来了。慢慢地，教师习惯了，家长也习惯了，而且认可了学校的做法，甚至为学校的做法点赞，从第二年的招生就可以看出。2011年，我们的招生比往年多了许多。

在礼貌方面，我是身体力行的。当学生向我打招呼时，我必定点头回礼"您好"。慢慢地，学生见到我，没有谁不向我行礼了。后来，我发觉单纯地说"老师好"显示不出武溪的特色，2017年开始，我向学生提出，向老师行礼时要鞠躬点头喊"老师好"。当然，我也会做出榜样。

在我的心中，"礼"极其重要，亦因"礼"而成就了武溪中学。在我的教育道路上，永不会忘记因"礼"而动，养"礼"成德。

一、让礼仪之花在乡中绽放

孔夫子曾说过："不学礼，无以立。"就是说一个人要有所成就，就必须从学礼开始。我校是一所农村中学，与城市学校相比，无论是教师素质方面还是经济方面均处于劣势。那该如何组织学生的礼仪教育，让礼仪的花朵在乡下的学校里绽放呢?

我们依据"从礼仪教育起步，向素质教育迈进；从教改实验起步，向优质教育迈进"的发展理念，提出"以礼仪教育为主线，以丰富学生生活和班级文化建设为两翼，推进学生'自我管理、自我服务、自我教育'"的德育模式，围绕"情境、课堂、体验、激励"全面开展礼仪活动，提高学生的文明素养，使学生逐渐形成文明行为。

1. 创设情境，传承民粹

讲文明，讲礼仪，是一个人心灵美、行为美的表现，是我国人民的优秀传统美德，也是现代公民必备的素质修养。校园则是文明礼仪的重要载体，孔子曾说："与善人居，如入芝兰之室，久而不闻其香，即与之化矣；与不善人人居，如入鲍鱼之肆，久而不闻其臭，亦与之化矣。"意思是环境熏陶及良好的心理环境会对人产生深远的影响。可见，营造校园礼仪文化氛围是礼仪教育的一个重要的外部条件。

学校注重校园环境和校园文化的建设。首先，校园环境整洁、优美。我们在校园的美化、净化上下功夫，让校园环境衍生生气，使学生产生一种奋发向上的自尊自爱的意识。其次，礼仪文化布局科学化。我们在校门悬挂感恩语句“回校谨记父母养育之恩，归家牢记老师教育之情”；在学生聚集之地——饭堂张贴《中小学生日常行为规范》、“文明武溪，从我做起”等规则要求；在教室分别挂上名人名言、名人画像等；在学校教学楼走廊上悬挂历史上有名的礼仪教育资料以及《弟子规》的有关内容；在学校宣传栏上做好礼仪动态情况更新；在其他醒目的地方张贴警语，尽量使学校每一面墙都成为礼仪教育阵地，每一个角落都成为礼仪教育战场，让师生在工作、学习中耳濡目染，接受良好的礼仪文化的熏陶，使其对学生文明行为、思想品德的养成教育起到潜移默化的作用。最后，礼仪设置艺术化。对一个阵地的设置尽量围绕中学生的特点、学校的实际而设计，充分体现教育性及艺术美。例如，“请带着微笑走进教室”的宣传牌，我们采用了本校的学生作为背景人物，增强了教育性和可信性；又如，“仁”“和”“思”“真”等宣传牌充分展示了教学楼的设计精美，使整个校园显得清新优雅，从第一感观上给师生以文明礼仪的熏陶和教育，有效地发挥了校园文化氛围在礼仪教育中的隐性作用。

2. 启发诱导，课堂渗透礼仪

人的知书达礼并不是先天而生的，而是通过后天的教育和实践获得的。学生对礼仪知识的认识较薄弱，要改变这种现象，就要从普及文明礼仪知识入手。课堂，就是礼仪教育的第一阵地。

（1）利用校会、班会和思想品德等课抓明理导行。课堂要开展“学校里的礼仪”“家庭里的礼仪”“进餐的礼仪”“待客礼仪”“到别人家做客的礼仪”“春、秋游活动礼仪”“观看演出的礼仪”等系列专题课，介绍礼仪教育的意义、礼仪规范、检查方法、评比标准。这样教育内容系统、集中，使学生容易形成清晰的概念，起到明理导行的作用。此外，还要启发引导，让学生“知其然，更要知其所以然”。教师在教给学生粗浅的礼仪知识和行为时，不但要告诉他语言应当怎样，姿势应当怎样，还要向他讲一些深入浅出的道理，即为什么这样做，这样做有什么好处等。例如，为什么要常常保持微笑？与人交谈为什么要正视对方？应该怎么样接打电话？为什么要孝敬爷爷、奶奶、父母？等等。经过教师一遍遍耐心的解释和教育，使学生渐渐明白：在与他人交谈时，要诚恳、大方，运用语言要亲切、准确，与人见面时应微笑和使用礼貌用语……

（2）利用学科内容，渗透礼仪教育。学校以教学为主，教师在教学中结合各学科特点，遵循知识传授与思想教育相一致的原则，运用教材内容，有机地进行礼仪教育的渗透。例如，语文科在讲授《争吵》一课时，就要教育学生互相宽容，诚意待人，知错就改；音乐科在教授《每当我走过老师窗前》时，充分利用其歌词意义，对学生进行尊师教育。

3. 合作体验，增强团队精神

体验才能使学生真正理解礼仪的真谛。在对学生进行礼仪教育时，要使学生既明白“理”，又要训练“仪”，学练结合，以练为主。做示范、教表演，使学生知道怎样去做，让学生形成正确的动作姿势，逐渐养成良好的习惯。

我校创新地开设了一个“德育先锋”项目，将学校德育中心的内容“仁、和、思、真”融入德育先锋教育内容当中，每学期学一个字，如本学期是“仁”，“仁”包含着忠孝、仁爱、礼仪等内容。每周一期，由一位指导教师负责，各班选取一名德育先锋，由指导教师指导。如师生角色转换教育，让学生扮演教师站在讲台上，教师在讲台下面扮演学生，教师向学生行礼，要求学生像教师平时一样回礼，并尽量让每一个学生都参与。典范的教育训练在学生们的脑海中打下了一个文明礼仪的烙印。

开展社会实践活动，让学生参与社会体验，也是一个很好的方式。学校适时与村委会联系，争取他们的关心和支持，挖掘校外资源对学生进行教育。例如，组织学生开展敬老爱幼、绿色环保等社会实践活动，引导学生走出校园，走进农村参加社会实践，在实践中学生们既能开阔了视野、增长了见识，又受到了很好的教育和锻炼。

另外，还可以通过班、队之间的活动让学生合作体验，抓养成训练，增强团队精神。一是开展内容丰富、形式多样的活动，如主题队会：“玩礼仪棋，争当礼仪之星”“击鼓传花学礼仪”“礼仪知识知多少”“少先队仪态训练”等。二是开展艺术活动。通过普通话朗诵竞赛和举办艺术节进行演出礼仪、当文明观众礼仪训练；通过剪纸、绘画、制作心意卡，进行爱学校、自觉维护环境美的行为训练。三是开展体育活动。通过拔河比赛、韵律操比赛、田径比赛等体育活动，赛精神面貌、赛纪律、赛礼仪。四是开展实践活动。通过学生间结对互帮、“手拉手”学校通信交友、为特困小伙伴捐款等活动，在实践中学习处理与同学间的关系，进行关心他人、团结互助的行为训练。

4. 激情感悟，推进优质教育

（1）激发热情，感悟礼仪，让学生自觉实践礼仪的每一项活动、每一项内容。推进礼仪教育，引导学生激发热情，感悟礼仪的魅力，有利于农村学生与他人建立良好的人际关系，提高社会心理承受力，形成和谐的心理氛围，促进学生的身心健康；有利于对学生进行思想道德教育，提高学生的思想道德素质。在教师身上、家庭当中、制度之内激发学生热情，让学生感悟礼仪。

（2）让学生在教师身上感悟。例如，学校倡导教师“献身教育、热爱学生、率先垂范、忠于职守、甘于奉献”的师德，要求全体教师不在校园内吸烟、不随便吐痰、不辱骂学生、不体罚学生等，以教师礼仪规范学生礼仪，以教师文明带动学生文明，让学生在教师文明中感悟礼仪。

（3）让学生在家庭中感悟。学校把校园文明礼仪的实践活动拓展到家庭，要求家长学习礼仪知识，并做到有关礼仪活动要求，起榜样作用，再把家庭教育的成果延伸到学校，实现家庭和学校的互动，共同促进学生文明行为习惯的形成。如每学期，学校通过互动情况，评议出“礼仪家庭”。

（4）让学生在制度中感悟。“无规矩，不成方圆”，学校制定礼仪评比制度，充分利用学校板报，每月评出“校园礼仪星”“家庭礼仪星”“课堂礼仪星”等。除此之外，各班还开辟“礼仪一角”，及时反馈班上的礼仪事迹。这样做能及时把握信息，发挥榜样作用，让学生充满激情，自觉地践行文明礼仪。

总之，只要我们持之以恒，祖国的花朵就会绽放得更美丽，我们的教学工作也肯定会更好。

二、“礼”杂锦谈

1. 迎校庆，展武溪学子风采；弘正气，做文明守纪学生

尊敬的各位老师、亲爱的同学们：

大家早上好！我们现在站在蓝天下，迎着新一天初生的晨曦，面对着国旗，高唱着国歌，参加学校第15周庄严而肃穆的升旗礼，大部分同学做到了注视着国旗、唱响国歌，唱出精神、唱出高昂、唱出力量，把你作为武溪中学一员的精神表现出来了！我敬佩这些同学！我为这些同学而感到骄傲！

12月9日，也就是本周五，我们将迎来学校建校26周年校庆，这是全校师生员工共同的节日，也是学校发展史上一个非常珍贵的时刻，一个重要的里程碑。作为学校的一员，我们能够亲自参与、亲眼见证学校26周年庆典活动，这是多么幸运、何等自豪的事情！同学们，我们应该怎样做到文明守纪呢？怎样才能展武溪学子风采呢？为此，我向你们提出两点要求，四个字："尊重、有礼！"

什么叫尊重？尊重就是敬重、重视。尊重他人是一种高尚的美德，是个人内在修养的外在表现，更是一个人的美丽所在。什么是尊重？我站在这个讲台上，你在下面看着我认真听、认真记，就是尊重；同学们在台上表演完了，报以掌声就是尊重；嘉宾在讲台上说话，说到热烈之处，你给予掌声，就是尊重；你关掉正在滴水的水龙头、你自觉拾起路上的垃圾、你包容同学的误会、你没有嘲笑失败的同学、你在饭堂里没有浪费食物等，这些全是尊重。相反，在下面乱动、乱说的同学就是不尊重我；同学在台上表演的时候，你不报以掌声，还来个"嘘"声（上周三晚会，有部分同学发出这样的声音），这就是不尊重；领导在讲台上讲话时，你在下面开小差，这就是不尊重；老师上课时，你在睡觉、在说话、在做其他不相关的事情，就是不尊重。所以，我建议你，尊重他人，尊重自然，尊重学校，更是尊重自己。

《论语》说："君子敬而无失，与人恭而有礼。"礼貌已经成为学校的一个德育特色。我曾经对同学们说过："学校80%以上的同学都能做到礼貌！"既然这样。为什么我还要在这儿提呢？因为我希望同学们能做到锦上添花！在校庆当天，来自香港、澳门的嘉宾约有70位，上级领导有30位，家长、群众有40多位，还有其他嘉宾，应该不少于250位。这么多嘉宾齐聚学校，我们除了要尊重他们之外，也要和他们打招呼。打招呼也有许多种，面无表情硬邦邦的是一种，面带微笑也是一种。除了让嘉宾感受到你的礼貌之外，更要让他们感觉到武溪中学同学们的阳光与精神！

同学们，让我们积极行动起来吧，为学校建校26周年奉献自己的一份力量，让文明守纪充满整个校园，让和谐伴随我们生活的每一天。我深信，你们的每一点行动、每一点进步都将留在学校发展的历史画卷中。

我的讲话到此为止，祝各位老师、同学有一个快乐的星期。

谢谢！

2. 热爱国家、热爱民族

亲爱的老师、同学们：

大家早上好！十月金秋，十月革命。十月是红色的，十月有一个鲜明的主题——爱国。“爱国”这个词许多人都会说，但却不会做。近期有件使举国上下都为之气愤的事件——日本野田政府购买钓鱼岛事件，这引起了中国人民的反对与抗议，许多人自发组织游行以表达我们的爱国情怀。这些人是好样的，是爱国的，是值得我们学习的。但当中有一些不法分子，利用了我们的爱国心，实施他们的犯罪行为：8月19日，北京、上海、西安、长春、深圳、广州等地都有群众自发游行，令人遗憾的是在游行中出现了打、砸、抢事件，打砸路过的日本生产的车辆。

今天，我非常荣幸，能够站在庄严的国旗下为大家演讲。再过几天就是国庆节了，在我们为放假高兴的时候，不要忘了我们是中国人！爱国是我们必须做的！

中华民族是一个伟大的民族，爱国主义精神是我们这个民族最美的花朵。爱国，是一个神圣的字眼，在曲折的历史发展过程中，爱国主义历来是我国人民所崇尚的。进入21世纪，我们伟大的祖国日益繁荣昌盛，爱国主义更应该成为这个时代的最强音。爱国主义是我国各族人民团结奋斗的光辉旗帜，是推动我国社会历史前进的强大动力，而爱国教育无疑是最重要的教育。

回顾中华民族的历史长河，无数为国家抛头颅、洒热血、无私奉献的民族英雄至今仍然活在我们心中。古代，有南宋的岳飞，明代的戚继光、郑成功……近代以来，为了保卫国家，反抗帝国主义的侵略，更是有许多仁人志士为捍卫民族主权慷慨就义；中华人民共和国成立以后，有很多杰出人物，如邓稼先、华罗庚、钱学森等等，他们放弃国外的优裕生活，回到祖国，为国家的现代化建设贡献自己的力量。这些人的光辉形象和他们可歌可泣的动人事迹永远激励着每一个中国人奋发向上。

美国一个普通的乡村教师说过一句话：“不懂得热爱国旗的学生，无论他多么出色，都不是好学生。”在美国，热爱国旗是一件极其平常而又非常光荣的事。在波兰，每一所学校都专门设有爱国主义教育课程，并使之融入政治、历史等科目中。在泰国，爱国主义教育是每个学生必不可少的一门课程，政府极其重视对青少年进行民族传统和爱国教育。最具特色的是韩国，它把爱国主义教育渗透到社会生活的各个方面。韩国人历来以使用本国产品而骄傲。

可见，爱国主义精神是全世界人民共有的宝贵精神财富。

爱国精神是不分国界的。不仅在中国，在世界许多国家，爱国教育都是极受重视的。

3. 你们是好样的，为母校献上珍贵的礼物

亲爱的老师、同学们：

大家早上好！庆祝武溪中学建校26周年暨2011年奖教奖学金颁奖典礼落下帷幕，再一次证明我们的老师、同学是好样的，你们为母校献上了最美丽的礼物。

这两天来，我非常开心，不仅因为整个校庆活动圆满成功，更因为全体老师的团结协作；我开心不仅因为校庆得到了余氏宗亲、上级领导、家长群众的好评，更因为同学们的出色表现。

以前许多同学跟我说美丽，特别是女同学，我现在告诉你，美丽是什么。学校做礼仪的同学，他们从早上6点钟起床开始化妆，匆匆忙忙吃过早餐，就开始到各自的岗位上，任凭寒风吹打，冷得哆嗦，他们没有畏难、没有退却，从早上一直站到庆典完毕，还要欢送华侨！他们身上表现出的那种毅力，那种精神，那种坚强，就是美丽。38位做礼仪的同学是校庆当中最美丽的！

颁奖仪式完了，轮到表演的同学、老师出场了，虽然只有7个节目，却已经使领导与华侨折服，无论是唱、弹、跳还是舞蹈、颂诗、主持，样样出色，最突出的就是三（1）班的节目三句半，它是今年校庆节目中最有创意的节目。无论是什么，样样都让嘉宾拍红了手，对表演的同学竖起了大拇指。你们是好样的！

鼓乐队的同学常年训练，俗话说："练兵千日，用兵一时！"你们平常的努力，在校庆当天得到了回报，一首武溪中学的校歌，让台山教育同行、群众刮目相看。鼓乐队的同学是好样的！

值得一提的是小记者们，他们抓住了校庆开始之前以及庆典结束之后的机会对一些领导、嘉宾、家长进行了采访，说出了自己的问题，了解到想知道的答案。从嘉宾的反应来看，你们成功了，他们对你们赞赏有加，也说明你们是好样的！

全校同学分列在校道两旁，当嘉宾走进校园，你们挥舞着手中的花球与鲜花，面带笑容地高声喊着："欢迎、欢迎、热烈欢迎！"让所有嘉宾都感受到了你们的热情，感受到了你们的礼貌，感受到了你们的阳光。庆典开始了，要升国旗，你们放声唱起国歌，那歌声足以震撼所有嘉宾，因为你们唱出了精神，唱出了激情，唱出了力量！同学们，你们是好样的！

同学们，你们是好样的！为母校生日献出了珍贵的礼物！当然不单是你们，我们的老师也付出了不少汗水与精力。

在此，我代表学校感谢为母校付出辛勤劳动的所有老师与同学！谢谢！

最后，祝老师、同学有个快乐的周末！

4. 文明武溪，从我做起

尊敬的老师，亲爱的同学们：

大家早上好！11月21日温家宝同志参加东盟峰会，他说，一个国家要赢得尊严就要有较高的文明素养和道德力量。同样的道理，一所学校要赢得尊严就要有较高的文明素养和道德力量，一名学生要赢得尊严就要有较高的文明素养和道德力量。今天，我就和大家谈谈“文明”这个话题。

同学们，你们知道什么叫文明吗？文明就是人类所创造财富的总和，特指精神财富。文明主要有两个作用：一是追求个人道德完善，二是维护公众利益、公共秩序。

首先，个人道德方面。在武溪校园当中，有些方面是突出的，有些同学是优秀的。例如，同学的礼貌，见了老师主动打招呼说“校长好”“老师好”，见了客人也主动打招呼说“叔叔好，老师好”。不单在校内，在校外也是这样，如初三（10）班的伍蔼萍、（三）（9）班的余瑞心、（三）（3）班的甄微和初二的健辉等同学，见到我时都微笑着说：“校长好！”又如，我们不少同学担当了文明先锋，每个星期先学习，然后向同学传递文明素养的知识和学问，初二（5）班的陈穗茵、初一（8）班的莫芷晴就做得很好，其他班的德育先锋也是文明的代表。再如学校义工队，他们放弃许多休息时间到校园拾垃圾，到台城石花山做义工服务，其中初二（6）班的陈怡心、王振，初一（2）班的刘逸民就做得很好。还有学生会、团委的同学们，如初一（3）班的梅津铭、初二（2）班的余恩君、初二（6）班的赖能辉、初三（9）班的何泳琪等，他们也勤勤恳恳地工作，检查、统计、反馈、服务，你们看，每场晚会，他们都会留下来为学校服务。还有，学校拾金不昧的事迹也不断涌现，田径队员拾到50元，初三（5）班李惠芬、初二（9）班余健聪、初一（7）班郑嘉成等同学就不错；还有，当学校需要同学奉献爱心时，他们拿出了行动，如初二（7）班黄炜妍捐了305元，黄晓钰捐了100元，也有不少同学捐了50元以上，学校也在信息公布栏做了鸣谢。所有这些同学，他们的道德素养就值得我们学习，也会赢得尊严。

当然，也有不少存在道德思想不完善的同学。最令我气愤的有两件事：一是上完厕所不冲，令厕所臭气熏天，男生厕所里所有的门都坏了；宿舍里的厕所也有这种现象，为什么？是因为你们没有尽道德的责任。二是在校服上画图画、写字。

其次，维护公众利益、公共秩序。武溪校园是全市最美的校园，绿化覆盖率全市最高。作为武溪的一员，每位教师、每位同学都有责任把美丽的校园维护好。在维护公众利益上，有位同学值得同学们学习，他就是初三（1）班的位文锋同学。他正义、正直，不为一些不道德的行为而惧怕。他身上就彰显出了文明的烙印。同学们，校园是大家的，环境是大家的。你们仔细看一下，绿化丛中经常看见不应该出现的垃圾；地上不应该有垃圾；饭堂地上不应该有饭粒的；校园布置的广告栏不应该坏掉的；美丽的垃圾桶不应该这么快坏掉的。这么多不应该还是发生了。为什么？是因为我们同学当中有些人文明素养不够，不爱护环境、不爱护公物、不理会其他同学的感受。这些人都应该受到大家的指责。所有的同学都应该行动起来，监督这些不讲文明的同学。

文明需要共同维护、共同付出。同学们，拿出行动来，从我做起，把武溪建设成一个文明的家园！

谢谢！

5. 立德提质，改革提效

因为改革而受到上级的肯定，更因为创新而令同行对我们另眼相看。我于2017年10月27日代表学校站上台山市教育教学总结表彰大会的舞台，虽只有短短的7分钟，但却成为轰动台山教育系统的讲话。

尊敬的各位领导，大家好：

9月27日，我在进修学校讲了一次课，有个领导对我说：“余校长，你课讲得不错，但脸太黑，后面的同志看不清你的样子。”太太逼我敷了一个星期的美白面膜，不知道后面的同志能看清吗？

今天，我带来的话题是“立德提质，改革提效”。

一所学校进步与否关键看是否抓住重点，重点抓住、抓牢、抓好了，那么，学校良好的校风、班风、学风就会形成，教学成绩就会提上去。这个重点就是德育。从2010年起，学校立足德育点，实施"以礼仪教育为主线，以丰富学生生活和班级文化建设为两翼，推进学生'自我教育、自我管理、自我服务'"的特色德育管理模式。我们的主要做法是突出一个主体，重视两支队伍，搭建三个平台，建设四块阵地。

无论哪个方面 ，无论哪个层面，我们都重点关注学生的"自我"行为：德育先锋拥有自己的校本教材，已开展了136期，成为学校德育工作的亮点；宿舍干部每天负责点名，等教官核实、鸣哨后才上床睡觉；从2011年起，学生饭堂进行"划区分班定位"管理，学生自行清理自己的就餐座位，班干部负责各自的班区。特色德育也得到教育局的认可，今年3月30日在我校举行了全市德育工作现场会。

德育工作抓得好，教学质量不会差！这是我们的看法，更是我们的理念，我校中考成绩在近三年当中，无论是考上台山一中的人数还是重点线人数，无论是合格率还是高分率，年年创新高。特别是今年，我校57人考入台山一中、232人考入重点线，创下了武溪中学办学史上的最好成绩。

改革创新是学校的活水，更是生命之水，无创新将是死路一条，不改革也是死水一潭。所以，学校必须走改革创新之路。教育局推出"教育联盟"改革，我校担任西北片教育联盟龙头单位，并发挥龙头作用，既带动盟友发展，更促进自身提升。教育局提出"让每所学校都智慧"的理念，我校随势而动，推进"科技教学实验班"；随着工资的提高，越来越多的人不喜欢担任班主任，我们推出"双班主任工作制"实验方案；课堂改革永远在路上，我们根据自己的实际，推出"分层教学"实验方案。

改革一定要真抓实干，改革一定是真枪实弹，所有改革必须有相应的制度支撑才能走得远、走得好，而制度的改革需要教师的信任与支持。我向教师提出评价校长与行政班子，并郑重承诺：达不到80%以上满意的，我向教育局提出辞职。幸运的是得到100%教师的认可。有100%的支持，学校2014年推进"教师评价"改革，宗旨是"彰显个性，抱团发展"，目的是让每个勤劳、优秀、做出成绩的教师都能得到应有的奖励。同时，我们更注重团队的发展，把每位教师的师德情况和工作成效与级组评价挂钩。《评价制度》打破了原来的利益框架，如班主任与普通科任教师原来一月相差60元，现在相差达到800元，相差10多倍，足以触动教师的利益心弦。在《评价制度》的推动下，调动起了所有教师的工作积极性，无论在教室里还是校道中、饭堂旁、操场上，无论是中午还是晚上，都会看到教师辅导学生的身影，体现了我们教师可爱的一面。

成绩背后是辛勤的汗水，奖励前面是幸福的泪水。无论是辛勤的汗水，还是幸福的泪水，只要我们尽心、不贪心，只要我们忠心、不偏心，那我们尽可放心与安心，最终开心。

今天真的很开心。在这里真诚地感谢张市长、李局长，感谢教育局全体领导，感谢在座的同行！祝你们幸福、快乐！谢谢！

我们的一些创新制度

教育类

台山市武溪中学奖教奖学方案（试行稿）

一、教师方面

（一）目的意义

充分调动教师教书育人的积极性和创造性，进一步增强教师的荣誉感和责任感，努力营造争先创优、奋发有为的教育氛围，从而全面提升武溪中学的教育教学质量。

（二）目标管理

基准数：以七年级第一学期期末测试各科平均分在全市的排名为基准（或接班前一学期测试成绩平均分的排名），以各人与基准的差值为标准（如2018—2019学年第一学期七年级语文科平均分排第4名，黄伟明老师排第8名，相差4个名次，那么第二学期黄伟明老师进步还是后退，就看他与基准的差是增大还是减小），衡量各科任教师成绩及获奖等次。

1. 奖项

（1）特等奖

① 所任教的学科按平均分进步4个名次（含4名）以上者为特等奖。

② 所任教的学科平均分排在全市第3名，且与市平均分比值扩大1分以上者；所任教的学科平均分排在全市第2名，且与市平均分持平或以上者，评为特等奖。

③ 级科平均分排在全市第2名，所在备课组教师平均分相差少于10分，

全科教师都为特等奖。

说明：满足以上三点中的一点就可以评为特等奖（按照人均一个班为单位计算）。

（2）一等奖

① 所任教的学科按平均分进步2个名次（含2名）以上者为一等奖。

② 所任教的学科平均分排在全市第4名，自己任教的学科平均分排年级第1名者为一等奖。

③ 所任教的学科平均分排在全市第3名，教师平均分相差少于10分，全科教师都为一等奖。

说明：满足以上三点中的一点就可以评为一等奖。

（3）二等奖

① 所任教的学科平均分名次保持原有名次或退步一个名次以内者为二等奖。

② 所任教的学科平均分排在全市第5名，自己任教的学科平均分排年级第1名者为二等奖（四人以上的科目）。

③ 所任教的学科平均分排在全市第4名，无论教师平均分相差多少，全科教师都为二等奖。

说明：满足以上三点中的一点就可以评为二等奖。

（4）三等奖

① 所任教的学科按平均分名次退步三个名次以内者为三等奖。

② 所任教的学科平均分排在全市第6名，自己任教的学科平均分排年级第4名者为二等奖（四人以上的科目）。

③ 所任教的学科平均分排在全市第5名，无论教师平均分相差多少，全科教师都为三等奖。

说明：满足以上三点中的一点就可以评为三等奖。

（5）鼓励奖（含不参与的教师）

未能获得前面特等奖和一、二、三等奖的教师和没有参与调研测试的教师都获得鼓励奖。

说明：（1）（2）（3）三个条件中满足一个条件获得相应奖项，其余的为鼓励奖，另跨级、跨学科任教的教师取最高荣誉的奖项，计算名次。

2. 奖励办法（奖金按绩效标准发放）

（1）特等奖：400分，另嘉奖400元，奖状一张。

（2）一等奖：350分，另嘉奖250元，奖状一张。

（3）二等奖：300分。

（4）三等奖：250分。

（5）鼓励奖：100分。

获特等奖在表彰会上发奖，在校网、校刊上发布，并且获特等奖者另获“教学能手”称号，同时被定为优秀教师、名教师的候选人。

二、学生方面

以班为单位，分期中与期末四次奖励：①期中，一等奖10元（1~2名）；二等奖5元（3~5名）；三等奖3元（6~10名）；进步奖5名，奖状一张，纪念品一份。②期末，一等奖50元（1~2名）；二等奖30元（3~5名）；三等奖20元（6~10名）；进步奖5名，每名10元。

本方案从2018—2019学年度第二学期开始。本方案最终解释权归学校行政会。

台山市武溪中学

2019年4月9日

武溪中学教师评价奖励细则（试行稿）

一、目的意义

学校建立教师评价奖励细则旨在营造团队精神，打造积极向上、奋发进取的团队；旨在体现“多劳多得、优绩优酬、重奖轻罚”的原则；旨在通过本细则实施助学校快速发展，早日实现武溪梦。

二、具体办法

1. 奖金计算

统筹学校奖金总额，以分值为元素计算教师应得奖金。计算办法：总奖金÷教师总分值×个人分值=个人金额。

2. 项目类别

（1）团队精神。

（2）教学成效。

（3）教育成效。

（4）个人素养。

（注：详细评分见附表。）

3. 岗位管理

（1）抓级、级长岗位计提本人应得分的15%；跟级领导、班主任岗位计提本人应得分的13%；助理、教研组长、财务等相应岗位计提本人应得分的8%。

（2）按照学校安排的其他岗位奖励10分。（注：弥补工作量的岗位不算。）

（3）校长分值取抓级领导的平均数，所得奖金用于奖励学校前10名教师（不含学校管理人员）。

三、措施保障

1. 成立教师评价奖励领导小组

组长：余耀洪；副组长：陈锦庄、伍兆斌、朱健照。

成员：吕凤海、黄惠娥、陈金锐、黄秀庭、李浩才、余超锋、李健儒、谭凯坚、黄伟建、顾刚、吴艺裕。

2. 此案领导小组通过后交由学校教师讨论、表决、实施

略。

附：

武溪中学教师评价表

一级	二级	评价要求	评价	小计	得分	执行单位
团队精神	大局意识	全级教师大局意识强，围绕级目标努力工作，拥有团结、阳光、向上的团队精神，并能出色完成学校安排的工作任务。400分				办公室 德育处 总务处 教导处

续 表

一级	二级	评价要求	评价	小计	得分	执行单位
团队精神	协同合作	相互帮助，主动参与学校、级、班工作，无推诿扯皮现象。300分				
	服务精神	服务意识强，主动参与级组管理，主动管理学生，不违反国家有关法规。200分				
	奖惩规定	加分：整洁、温馨、书香环境浓厚100分；备课组获前3名各奖100分				
		扣分：不利于团结言行扣5分/人次，迟到早退扣2分/人次，缺岗扣10分/人次，旷工扣20分/人次，其他扣2分/人次				
教学成效		取《教学自主目标管理细则》分值				教导处
教育成效	班育成效	班主任取日常行为规范分的周平均分的1/4；跟级领导取相应班的分数；抓级、级长取班主任的平均分				级组 办公室 德育处 总务处 教导处
	协同合作	副班主任完成5个学生的导师任务，积极协助班级管理，可取班主任的50%～100%；跟班科任取30%～80%。(由班主任、抓级、级长共定)				
	奖惩规定	扣分：任务缺项或不完成扣2分/次				
个人素养	师德体现	正直、阳光、有爱心、工作积极、出色完成学校任务。30分				级组 办公室 德育处 总务处 教导处
	协同合作	乐于接受级组的工作安排，乐于帮助同事，积极完成备课组工作。40分。缺项扣2分/人次				
	奖惩规定	加分：校级3分，市级8（5）分，江门10分，省级15分，国家级20分；竞赛类按等次每档加1分。 全勤加20分；坐班小组获级前2名，3分/人次；名优教师、名优班主任加10分；团队奖，班主任占80%，副班主任、跟班教师共同占20%				
		扣分：不利于团结言行扣5分/人次；迟到早退扣1分/人次；无故不参与学校活动或学习扣1分/人次；缺岗扣5分/人次；旷工扣10分/人次；其他项扣1分/人次				

注：

1. 奖项若以名次计算的，划分如下：一至二名为一等，三至四名为二等，其余为三等。

2. 表内未列详细的，以行政会解释为准。

3. 团队精神由领导小组评价，个人素养由级内领导及相关处室评价，汇总后由领导小组校对并公布。

4. 校级界定为大项评比，具体由各处室定义。班集体奖的，班主任占70%，跟班领导、副主任、跟班教师共占30%。

5. 特殊情况由评价领导小组做出解释并做适当调整。

6. 此表每学期计算一次。

台山市武溪中学

2014年9月

台山市武溪中学弹性坐班管理细则（试行稿）

晚自修（含早读，下同）是学校教学和管理工作的一个重要组成部分，为加强晚自修管理，切实提高教师工作效率，提高学生晚自修学习效率，营造良好的学习氛围，使学生养成良好的学习习惯，规范秩序，增强晚自修学习效果，特制定如下规定。

一、总体目标

（1）减轻教师负担。

（2）增强工作责任。

（3）提升工作效能。

二、具体细则

（1）由5名教师组成一个小组，负责两个班一周的晚自修管理工作。组内成员各人的值班时间、值班人员自行分配。

（2）各组人员搭配由抓级行政领导负责。

（3）各小组自行推选小组长，小组长负责工作安排，并将值班表上交教导处存档备查。

（4）严格执行《课堂管理制度》，落实点名工作，发现有缺席情况，及时向值日领导反映，同时协助值日领导做好核查学生去向的工作，当值教师负责与家长沟通。

（5）每位组员必须持有负责班的花名册及通信录。

（6）教师必须有读书、作业、预习、复习等具体任务布置给每位学生，不能有学生无书可读、无作业可做等无所事事的现象。

（7）负责课间管理工作，严格执行《台山市武溪中学课间管理细则》。

（8）晚自修结束后，值班教师要督促班级学生关好电灯、电扇和门窗，并组织学生有序离开教学楼，防止出现拥挤、踩踏等安全事故。

（9）如遇晚会、突发事件等特殊情况，全体教师集中处理。

三、主要措施

（1）值日领导每天了解、掌握当日全校晚自修规定的实施情况，检查学生到位、纪律、学习情况，发现问题，及时处理并如实做好记录。

（2）出现下列情况者恢复限制性坐班：

① 未能履行点名制度而造成负面后果的；

② 当值教师工作未到位而发生严重事故的。

（3）扣分规定：无所事事每生扣1分，纪律差（含课间大叫、奔跑等）每生扣2分，无点名、无追踪各扣10分，教师迟到早退或不值班每次扣5分，重大事故直接恢复限制性坐班。

（4）各年级领导每周汇总检查结果，以学生情况衡量各小组教师坐班成效，对每周每班扣分达到25分的小组，第一周给予黄牌警告，第二周给予红牌警告，第三周起恢复限制性坐班制，即每班1人坐班。

（5）当月扣80分以内的小组，下月可获相应的奖励；相应级领导可获相同奖励。

（6）恢复限制性坐班制的小组经整改后可以重新申请“弹性坐班制”，由该级全体行政领导审核通过后可以恢复弹性坐班制。

本细则最终解释权归行政会。

台山市武溪中学

2014年9月

台山市武溪中学课间管理细则

学生课间活动主要有处理作业、预习、课前准备、上厕所、交流谈心、购物、自由活动等。课间活动是学校生活非常重要的一个环节，也是安全管理的一个薄弱环节。为了改善学生的精神面貌，促进学生间的友谊，保障学生的健康安全，创设一个良好的育人环境，结合学校实际制定如下课间管理细则。

一、时间分担

课前课后各5分钟，课前5分钟由下节上课教师负责，课后5分钟由本节课教师负责。晚自修由坐班教师负责。

二、负责地点

靠楼梯的班级的教师应在楼梯旁边值班，其他教师在本课室外走廊值班。

三、具体内容

（1）督促学生提前进入课室，做好上课前的准备工作。

（2）严禁学生进入他班教室，及时处理突发事件。

（3）教育学生上下楼梯不拥挤，不碰撞，不吵闹，不搞恶作剧，不准一步跨两个台阶，不准两人勾肩搭背地走，不准爬窗台、桌椅，不准破坏风扇、灯管、门窗、窗帘、饮水器、多媒体电脑等设施，不准在黑板上乱写乱画。

（4）保证集会、课间操期间上下楼梯的学生文明谦让，不大声喧哗，不做推拉等危险动作，不做危险性游戏（如叠罗汉、人背人等），做到文明有序。

（5）严禁学生坐在扶手上滑行，发现安全隐患及时向学校报告。

（6）当课教师必须对迟到的学生进行思想教育，严重者交德育处进行处理。

（7）如果学生要到实验室或运动场地上课，上一节课的教师要组织好学生排队前往。教师在学生全部安全有序地离开课室、完成规定的管理任务后才能离开。

（8）在靠近楼梯拐角的班级上课的教师在管理时要特别注意：楼梯拐角往往是人群聚集地，容易出现安全事故，要注意观察和疏导。

四、其他事项

（1）设立班级“文明督查员”，每到课间，在教室门前、楼道楼梯口都有学生巡视，并对同学友情提示“轻声、慢行、不要拥挤”“请不要追逐打闹”“上下楼梯靠右行走”等。

（2）德育处做好相应的值班安排工作。

（3）德育处与教导处要分别对各班上课前的准备工作以及文明情况（含安全情况）进行总体评价，并将其分值纳入班级评价当中。

五、正式执行

本细则于本学期第9周正式执行。

台山市武溪中学

2014年4月7日

德育类

武溪中学“学生成长导师制”实施方案（试行稿）

一、推行“学生成长导师制”的意义

推行“学生成长导师制”的出发点在于关注每一个学生的健康成长和全面发展，关注学生的心理健康与个性化需要，促使学生养成良好的行为习惯，培养他们良好的交流合作能力。这就要求我们树立人人都是德育工作者的理念。学生全面健康成长需全体教师齐抓共管，形成教育合力，努力探索新课程改革背景下的教师角色的重构，审视学生的个性化需求，使师生关系和学生关系发生深刻的变化，进一步推动文明校园、平安校园、和谐校园的建设，共同促进学校德育工作。

二、指导思想

以《中共中央　国务院关于进一步加强和改进未成年人思想道德建设的若干意见》为指导，通过教师对学生个人发展规划、思想发展、学业发展、心理成长全面地辅导，做到教师人人是导师，学生个个受关爱——“让学生有倾诉的老师，让老师有牵挂的学生”，让每位教师都成为学生生命成长中的“贵人”，促进学生形成积极的人生规划意识，养成自我发展和终身发展的良好习惯，为学生能成为“最好的自己”奠定坚实的基础。

三、工作目标

（1）打造“全员育人、全过程育人、全方位育人”的教育教学模式，牢牢抓住“育人为本、德育为先”这个根本，关注每一名学生，使学生在学业、道德、心理等方面得到更深入、更充分、更全面的教育和引导。

（2）引导学生形成科学的学习方法，养成良好的学习习惯和主动学习的态度，充分挖掘学生的发展潜能，调动学生学习的积极性，激发学生的自主发展需要，培养学生的人生规划意识与能力、自我规划意识和自我管理的能力，培养学生终身发展、持续发展的愿望和能力。

（3）全面调动教师教书育人的积极性，提升教师教育教学理念，增强教师各方面素质，促进教师专业成长。

（4）以亲情化教育方式发展融洽的师生关系，增进学校与家庭的交流。

四、实施措施

学校建立高效务实的工作机制，强化过程管理，注重工作实效。

（一）组织领导

学校成立“武溪中学学生成长导师制实施领导小组”，全面负责“学生成长导师制”工作的领导、实施、评估。德育处、办公室、级长具体负责导师制实施的日常工作，做到领导到位、分工到位、目标到位、责任到位。

组长：余耀洪。

副组长：陈锦庄、伍兆斌、余德亮、朱建照。

成员：陈金锐、黄惠娥、吕凤海、黄秀庭、黄慧铭、李叠玲、黄现娥、陈超科、吴艺裕、王统全、马镜仪、全体班主任。

各年级也要成立相应的机构。

（二）宣传发动

2014年9月1—15日，利用校园橱窗、公告栏、网站、校园广播、显示屏、宣传横幅等，大力宣传，营造气氛。

召开教师动员会，组织教师进一步学习相关教育学、心理学理论，确保全体教师思想统一、认识到位、管理到位、落实到位、责任到位。

（三）方案实施

1. 导师选聘

所有任课教师必须担任导师工作。担任“学生成长导师”是每一位教师应尽的义务，其履职情况将作为教师年度考核的重要内容。

实行以班主任为核心的任课教师负责制，班主任是班级导师组组长，是本班“学生成长导师制”工作的全权组织者和协调者，任课教师要接受班主任领导，对班主任负责。班主任原有工作职责和工作内容不变，仍应管理、关注全班学生。

每名科任教师指导15名左右的学生，原则上平均分配到所有任课班级中，跨年段任课教师根据任课班级数目按比例进行分配。

新学年，导师选聘工作按以上操作流程重新进行，导师的任课班级有调整的，所指导的学生可根据现任课班级进行调整，但如果导师与学生都没有提出更换导师的要求，则尽量保持原指导关系不变。

2. 工作流程

（1）开学伊始，班主任召开“学生成长导师制”班级主题班会，参加人员为本班学生和本班全体任课教师，让学生充分了解“成长导师制”的含义、原则和方法。班主任要充分了解学生的兴趣爱好、学习优势、学习弱势、个性特点、家庭背景等情况和任课教师的教育教学特点，尤其要关注学困生、困难生、行为偏差生、单亲家庭学生等特殊学生，应注意同一导师指导的学生中各种类型学生的均衡分布，级长、班主任应在与科任教师充分沟通的基础上进行合理配置。

（2）级组公布各导师与受导学生名单。

（3）建立学生个人信息电子档案。由班主任负责指导学生填写“学生及家庭基本情况登记表”，并把档案分配给导师。

（4）成长导师严格按照“武溪中学学生成长导师职责”开展工作。

（5）阶段总结。班主任定期召开班级导师会，互通情况，相互借鉴，取长补短。各级要切实抓好“学生成长导师制”的落实和督查工作，及时总结工作中取得的成功经验和存在的不足，提出改进措施，协助班主任解决遇到的实际问题。同时学校每学期组织一次全校导师间的经验交流，推广典型经验。

3. 导师职责

按照对学生“思想引导、心理疏导、生活指导、学习辅导”的要求，导师应根据每一个学生的实际情况，以个别指导方式对学生进行及时、深入的辅导，灵活把握工作时间和工作地点；对学困生、困难生和行为偏差学生、单亲家庭学生，应给予更充分的关注和更及时的引导。

（1）个人发展规划指导

① 七年级上学期，指导学生制订初中阶段个人发展规划。

② 每学期开始时，指导学生进行上学期个人总结及制订新学期发展计划。

③ 导师根据学生发展情况，指出学生发展过程中存在的问题，并就问题的解决方法和学生的进一步发展提出合理建议。

（2）学业指导

① 每学期开始时，根据学生的个性特点和学业基础，指导学生制订学习计划。

② 期中、期末考试结束后，指导学生进行阶段总结与反思。

③ 负责学生的学业指导，在学习方法、学习习惯、应试心理方面指导和辅导学生，引导学生有效地学习，培养其良好的学习习惯。

④ 根据学生学习情况，及时帮助学生进行学情分析，帮助学生发现学习中的问题、困难并提出对策。

⑤ 协助班主任做好受导学生的综合素质评价工作。

（3）生活指导

① 关心学生生活，引导学生养成健康的生活习惯。根据学生实际情况，

每月至少与每名受导学生进行一次谈话。

② 经常与学生家长沟通，了解学生的家庭情况。每学期至少与每名受导学生的家长进行一次面谈、两次电话交流，提倡导师家访。

（4）心理疏导

① 定期与学生谈心，了解学生心理上的困惑，引导学生正确对待成长中的烦恼、挫折等问题。

② 对学生反映的问题，及时与相关教师、家长联系沟通，通过多方面共同努力，营造促进学生心理健康成长的良好环境。

③ 对有以下行为偏差的学生更应注意心理上的疏导与行为上的指导：考试作弊、早恋、厌学、打架、偏执、暴力、带管制刀具、吸烟、喝酒、盗窃、敲诈、逃学、私带手机、仪容仪表不端正等。

4. 导师工作考核及待遇

（1）每学期于期中和期末对成长导师的工作各考核一次，考核的主要内容为导师职责和各项工作任务的完成情况，结合《台山市武溪中学“学生成长导师”工作手册》并参照受导学生的情况和学生（家长）的测评及班主任、级长的评价，由领导小组给出考核结果，包括受导学生评价（50%）+班主任、级长评价（30%）+导师领导小组评价（20%）。考核结果分“满意”“基本满意”和“不满意”三个等级。考核最重要的目的是促进考核对象的改变与进步。

（2）教师承担“学生成长导师”工作期间享受绩效工作量补贴，学期考核“基本满意”及以上一次性发放一学期的绩效工作量补贴。补贴标准另行制定。

（3）每学期各级评选出10名表现突出、成绩优异的成长导师，学校奖励并授予“武溪中学优秀成长导师”的荣誉称号，利用媒体进行宣传。

（4）将担任成长导师作为年度教师优秀考核评定、职称评聘及晋级的必备条件。经考核合格的导师，在年度聘任、提拔重用、学校及上级教育主管部门组织的各类先进个人评比或表彰方面优先考虑；在与教师个人发展有关的培训中优先安排。

附：

台山市武溪中学“学生成长导师”工作手册

台山市武溪中学

“学生成长导师”工作手册

20____年至20____学年度第____学期

导师姓名：____________

表一 学生基本情况登记（汇总）

项目 姓名	性别	班级	出生年月	宿舍	家庭住址	家长姓名	电话

表二　学生及家庭基本情况登记表

姓名		班级		性别		出生年月	
家庭住址					电话		
是否住校		楼号			寝室号		
身高		爱好（特长）					
主要个性特点							
曾受奖励或处罚							
家庭成员	姓名	年龄	工作单位		文化程度	政治面貌	电话
父亲							
母亲							
主要社会关系							
家庭收入情况							

表三 成长导师谈心记录表

班级		受导学生		类别	
谈心日期	简述内容记录			受导学生表现	用时

（注：每两周填写一次；类别填写学习、品行、生活、心理）

导师：________

表四 学生学业情况记录

学生姓名________ 所在班级________

入学成绩	科目	语文	数学	英语	政治	历史	物理	化学	地理	生物	总分	名次
	成绩											
上学期成绩	科目	语文	数学	英语	政治	历史	物理	化学	地理	生物	总分	名次
	成绩											
下学期成绩	科目	语文	数学	英语	政治	历史	物理	化学	地理	生物	总分	名次
	成绩											

表五　家校联系记录表

<table>
<tr><th>联系对象</th><th></th><th>与受导学生的关系</th><th></th><th>联系方式（电话、家访、来访）</th><th></th></tr>
<tr><td>地点</td><td></td><td>时间</td><td></td><td>访谈时间</td><td></td></tr>
<tr><td colspan="6">家长谈话内容及态度：</td></tr>
<tr><td colspan="6">导师谈话内容：</td></tr>
<tr><td colspan="6">对本次活动效果的评价：</td></tr>
</table>

表六　学期导师工作总结

台山市武溪中学

2014年6月22日

武溪中学“人车分流”制度

为了更好地规范校园车辆的行驶，保障师生的生命安全，根据学校实际，现拟订如下规定：

（1）一切机动车辆在教学区域内（主教学楼、新教学楼附近）行驶速度不得超过15千米/小时。

（2）人员与机动车辆原则上分正门与副门出入，正门为人员出入口，副门为车辆出入口。

（3）校内人员的机动车辆一律从副门出入，正门从制度实施日起不再为校内人员的机动车辆开放。

（4）教学区、宿舍区在以下时间段内禁止小型轿车及以上的机动车辆（含外来）行驶：6：30—7：10，11：30—12：20，13：30—14：30，17：25—19：30，21：10—22：10。

（5）外来车辆原则上不得进入校园，否则责任由车辆联系人负责。

（6）副门采取“谁开谁关”的原则，造成的损失由未关者负责。发现未关门者，由学校提出批评并扣罚其考核分（10分/次），同时其所在级组也相应扣10分/次。

（7）教官加强副门的监控工作，值班领导、教师发现问题及时向德育处反映。

（8）如有特殊情况按应急方案处理。

台山市武溪中学“双班主任制”探讨（试行稿）

班主任是学校中全面负责一个班学生思想、学习、健康和生活等工作的教师，是一个班的组织者、领导者和教育者，也是一个班中全体任课教师教学、教育工作的协调者。

“双班主任制”，就是一个班由两位教师来担任班主任工作，共同承担班上的大小事务。也可以是一位教师担任两个班的班主任，承担两个班的所有事务。

一、背景意义

“德育为首”是教育系统的人所共知的常识，也是各级提出的强有力的口号与要求。但现实中做不到人人德育、德育人人。我校实行双班主任制，每个班设立正副班主任，但也只是名义上的双班主任，实际名存实亡。

为了调动广大教师参与育人工作的积极性，我们希望重新定义“双班主任制”。那么，如何将两个班主任的工作智慧发挥到极致，并且形成1+1大于2的效果就很值得思考了。学校的愿望很简单：

（1）通过“双班主任制”，让每一位教师，特别是年轻教师都在班主任这个岗位上得到锻炼，积累经验，尽快成长，促进教师的全面发展。

（2）通过“双班主任制”，增强教师的育人意识和主人翁精神，营造全员育人的校园文化。

（3）通过“双班主任制”，改变传统的单班主任班级管理模式，减轻传统班主任的工作压力，强化班主任工作的合力，营造全员育人的校园文化，建设和谐校园。

（4）通过“双班主任制”，充分发挥全校教师的智慧才能，群策群力，全面关注每个学生的学习和生活，切实提高班级管理效率，促进良好学风、教风、校风的形成，促进学校的可持续发展。一句话，让每位师生都精彩。

二、实施办法

1. 岗位与责任

（1）每个班设立两位班主任，分别是正班主任与副班主任。

（2）正班主任为班级第一责任人，有权分配、调整工作，同时有权评价副班主任。评价副班主任是正班主任的权利与义务，每学期评价一次。

（3）副班主任为第二责任人，副班主任必须完成正班主任分配的任务以及配合协助正班主任的工作。

（4）正班主任请假期间，副班主任自然接替正班主任的所有工作。

2. 岗位产生

（1）灵活配对

班级可以不配备副班主任，决定权在于正班主任。

（2）双向选择

配搭时，采取灵活配搭法，即正副班主任双向选择。正班主任选择副主任后，副班主任同时选择正班主任，两者相对后，即配对成功；若不成功，正班主任有权优先选择。

（3）定向配对

由学校指定正副班主任。在正班主任需要副班主任而没有人选，而且副班主任又没有选择的情况下发生。

3. 工作分配

（1）正班主任工作：班级的全面工作、特定工作由正班主任完成。

（2）副班主任工作：收费、卫生、学籍、班级文化、黑板报、思想教育（指定，不少于5个）等由副主任完成。

（3）分配任务亦可由正班主任调整，但原则上不能少于6项（系统性），不设上限。

（4）在各自分管工作范围内不推卸工作责任。

4. 工作待遇

（1）绩效工资做相应调整。

（2）相关的奖励由副班主任享受，如卫生奖、黑板报评比等，其他班级集体奖项，副班主任享受比占30%（评分低于60分者不能享受）。

（3）单列设立副班主任评价奖。

（4）副主任工作评价，一学期一次，由主管（抓级）领导、级长、班主任、处室正副主任共同评价，班主任占40%，主管（抓级）领导、级长占30%，处室正副主任占30%。

（5）评分在85分以上者，2年副班主任工作等于1年正班主任工作；70分及以上者，3年副班主任工作等于1年正班主任工作；69分及以下者，不计算年限。

三、工作措施

（1）德育处在开学前要做好调查工作，并确定正副班主任名单。

（2）德育处做好开学前的指导工作，同时在征得正班主任的同意后，将副班主任的工作确定，并知会各处室。其他处室在安排工作时通知相应的班主任。

（3）正副班主任有明确的分工，但也不能因为分工而分家。两者是合作关系，是为了更好地完成工作而设置。在大型活动中，正副班主任要做到互相合作、互相配合、共同完成。

（4）相应工作失误由当事人负责。

（注：本实施方案解释权归学校行政会。）

台山市武溪中学

2016年11月

武溪中学学生饭堂管理方案（试行稿）

为了实现“学生教育学生、学生服务学生、学生管理学生”的德育模式，规范学生行为，展现武溪风采，提升学生饭堂的管理质量以及饮食卫生，从而促进学生良好习惯的养成，提高学生的自理、自主能力，现结合学校实际，拟订以下管理方案。

一、目标总纲

目标：打造特色管理。

总纲：划区分班定位。

二、具体措施

1. 加强值班，确保管理到位

（1）值班领导对各班进行管理及学生就餐指导，对在就餐过程中表现出色的班级或表现不好的班级，可相应进行奖励性加分或惩罚性扣分；同时注意对值班教师工作的指导。

（2）值班教师在各自负责的区域做好相关管理工作。

2. 划分定位，确保监管明晰

划区分班定位就餐将就餐区划分三大区域，即七年级区、八年级区、九年级区；在每个区内再分10个小区域，每班占一个小区域。

3. 加大投入，确保质量到位

（1）学校负责监督供餐方的食品质量。

（2）争取供餐方赞助，奖励管理工作出色的教师和遵守纪律的学生。

①学生奖项：各班评出“餐桌文明礼仪学生”3名，每学期评奖一次，奖金50元/人，颁发奖状一个。

②班级奖项：以班为单位评分，并设立三个等次，一等奖8名，每名奖励400元；二等奖9名，每名奖励300元；三等奖12名，每名奖励200元。

4. 具体评比要求

（1）班级定位就餐（5分）：在指定的座位就座，不随意换位。（违者扣1分/人）

（2）节约粮食（5分）：按照食量打饭，杜绝浪费，根据饭盆所剩饭菜的量扣1~2分。

（3）公共卫生（10分）：保持地面整洁，爱护公物，打饭后及时盖上锅盖。（违者扣1~3分）

（4）餐桌摆放（10分）：保持餐桌干净整洁，桌椅摆放整齐有序。（违者扣1分/位）

（5）遵守秩序（10分）：严禁在就餐区内追赶打闹、起哄、大声喧哗、敲打餐具。（违者扣1分/人）

（6）遵守纪律（10分）：服从管理人员的安排与管理，不插队，不带2个以上饭盒领菜。（违者扣1分/人）

（7）好人好事、见义勇为、就餐纪律良好等，每项加1分。

（注：此项共50分，并以20%的比例计入每周的文明班评比当中。）

5. 加强组织，确保落实到位

本方案由余耀洪同志任组长，伍兆斌同志任副组长，具体由德育处与总务处实施。德育处负责思想教育、纪律、划区、评价等；总务处负责设备购置、后勤供应、物品管理、协助划区等。

台山市武溪中学

2013年9月9日

武溪中学“文明宿舍”评比细则

一、纪律、安全方面

（1）不服从管理，无请假缺席扣10分/人次。周末留宿不办理手续扣5分/人次。

（2）欺负同学、打架、打人、赌博、吸烟、喝酒扣10分/人次，并给予处分。

（3）偷窃、故意损坏公私财物扣10分/人次，并按价赔偿。

（4）追逐、喧哗、起哄、围观，进行体育运动扣5分/人次。

（5）舞竹弄棒，高空掷物，攀爬窗口、栏杆、洗衣台，从上床跳下地者扣5分/人次。高空掷物造成他人伤害的要负全责。

（6）带违禁品（如手机、耳机、言情小说、扑克、啤酒或含酒精的饮料、爆竹、打火机、火柴、蜡烛、蚊香、水果刀及管制刀具等）扣20分/人次，并一律没收、给予处分。

（7）串门、舍外吃东西、走廊倒水扣2分/人次，并执行宿舍服务令1周。进入非本人宿舍（串门）者，若有失窃要负全责。

（8）睡觉讲话、讲粗言秽语、叫别人花名、光身走扣2分/人次。男生需穿四角短裤。

（9）迟到、迟上床、迟起床、超时离开扣2分/人次。

（10）未经批准同铺扣10分/人次。在上床围坐（2人及以上）、走动者扣3分/人次。

（11）电风扇使用不当，栏杆及电线上、风扇上挂放东西，不关电风扇、水龙头、门、窗扣2分/人次，忘带钥匙而要求教官开门的，扣5分/人次。

（12）私拉电线和使用电器者扣5分/人次，并没收。

二、内务、卫生、表格方面

（1）乱丢垃圾，向窗外倒水，打饭回宿舍者扣5分/人次。

（2）蚊帐未按要求挂放，毡、被、枕头、杂物、鞋、袜、水桶、洗涤用品摆放不规范，湿衣、校服、浴巾、毛巾晾挂不规范者扣2分/人次。

（3）卫生未按时按质完成，清洁工具不齐全、不干净、摆放不整齐扣2分/人次。

（4）门窗窗台不干净，墙上有蜘蛛网、脚印污迹，厕所不干净、有异味扣2分/人次。

（5）空床行李、杂物乱放，湿衣服弄湿宿舍地面，晾衣架乱放扣2分/人次。

（6）缺舍名、床位表、操行表、床位标签扣5分/人次。

三、评比标准

（1）每周以100分的比重纳入周文明班评比。

（2）每月评比一次，并给获得“文明宿舍”称号的宿舍挂牌。

（3）以宿舍为单位，每天20分基础分，月得分率达95%者为文明宿舍。

（4）每项每天扣分20分封顶，凡有严重违纪行为的宿舍直接取消当月文明班评议资格，并报学校给予处分。

（5）个人扣分累积30分，给予记过处分，屡教不改者暂时或长期开除宿籍。

（6）月热水用量超过1吨的宿舍直接取消当月文明宿舍的评比资格。

（注：宿舍服务令即为宿舍各楼梯及周围打扫卫生、清理垃圾或冲垃圾桶、卫生间等，具体服务内容由教官负责安排。）

附：

宿舍关门时间（哨声响后即开门）

午睡、晚睡时间：

午睡：12：30—13：35	舍长关门：	6：50	13：50	18：45
晚睡：22：15—06：25	关铁闸：	6：55	13：55	18：50

台山市武溪中学

2015年8月

台山市武溪中学关于“星级班”评定的实施方案（试行）

为了进一步完善班级常规管理工作，培养学生的集体责任感、荣誉感和团队意识，充分调动各班师生的积极性，激发学生参与班级建设的热情以形成更大合力，培养学生良好的日常行为习惯，推动学校德育工作的顺利开展，经研究特制定如下学校文明班级评比办法。

一、文明班级每周进行一次评比的具体标准

（1）“标兵班”标准：占评比总分95%以上。

（2）“文明班”标准：占评比总分90%以上。

（3）“达标班”标准：占评比总分80%以上。

（4）“合格班”标准：占评比总分75%以上。

二、在已有每周文明班评比的基础上，开展争创“星级班”活动

（1）连续两周被评为标兵班，升级为一星级标兵班。

（2）连续三周被评为标兵班，升级为二星级标兵班。

（3）连续四周被评为标兵班，升级为三星级标兵班。

（4）连续五周被评为标兵班，升级为四星级标兵班。

（5）连续六周被评为标兵班，升级为五星级标兵班。

（注：最高星级为“五星级”，最低为无级别。）

奖励办法：获得标兵班的班级有相应的奖牌，具体的奖金以期末绩效分配方案为准。

三、“星级班”评定后，“升星”“保持”和“降星”的标准

（1）获得星级文明班后，如果接下来两周内没有继续获得文明班，则给予“降星”处理。

（2）如班中发生严重违纪现象，学校给予“警告”，并给予一次机会，如再出现，则予以“降星”处理，情节严重者将取消当周文明班评选资格。在当

周根据文明班评比情况，可升星的，则不予升星，只做保持。包括如下行为：

① 吸烟、喝酒。

② 偷盗或未经允许私拿公私财物。

③ 参与任何形式的赌博活动。

④ 违反考场纪律，考试作弊或协助他人作弊。

⑤ 进入游戏厅、歌舞厅、网吧、酒吧等不良场所。

⑥ 严重干扰课堂，扰乱学校正常教育教学秩序。

⑦ 包庇、隐瞒他人严重违纪行为或违法行为；有违纪行为且态度恶劣、不诚实。

⑧ 严重违反宿舍纪律，干扰宿舍的正常秩序。

⑨ 言行不雅、仪容不规范经多次教育未改。

⑩ 私自将校外人员约到学校或进校闹事。

⑪ 文身。

（3）发生如下行为的，给予“降星”处理和取消当周的评比资格：

① 不尊重老师、教官、职工，不接受管理、教育，顶撞、辱骂、伤害教职工。

② 打架斗殴。

③驾驶机动车。

④ 翻爬学校围墙，未办理正常的请假手续而离校，旷课、逃学。

⑤ 故意破坏公私财物。

⑥ 早恋。

（4）有如下特殊情况的，由领导小组研究（两周一次）决定可进行“升一星”处理：

① 使助人为乐蔚然成风、为学校做出特殊贡献等。

② 两周内在宿舍、膳食、课外纪律、仪容或卫生评比中没扣分。

③学习风气浓，自觉性高，如晚修或晚修之前的状态佳等。

④ 才艺赛、体育艺术节等集体活动组织出色，效果显著。

台山市武溪中学

2013年5月

第四篇

增添活力，使学校充满成长朝气

学校活力来自何处？来自校长的管理理念、学校的工作制度与环境；来自教师的工作心态与学生的青春气息；来自学校与家长的和谐合作。所以，学校要从理念上定好位，从行动上找方法，从活动上找自信，利用学校一切机会增添活力。因此，学校既要营造和谐、开心、积极的工作氛围，也要打造阳光、勤奋、朝气的学习环境，更要创设沟通、合作、共进的家校桥梁。

家校合作，使学校注入家长活力

初一级家长会讲话稿

亲爱的各位家长：

大家好！我叫余耀洪，男，45岁，已婚。本人本科毕业，中学德育高级教师。我有一个特点就是“黑”，是皮肤黑。近期，有两个问题，我特不喜欢！第一个“余校长，近期搞什么搞得这么黑呢？”我非常纳闷，我自从娘胎出来就这么黑，而不是搞什么搞成这么黑的。搞得我非常尴尬，所以我就说：“哈哈，我去海南做兼职晒的。”第二个就是“余校长，搞什么搞成这么瘦，有病吗？”天啊，瘦一点就有病吗？你猜我咋回答他呢？“对，我有病！是经常与老师运动的病，也是经常与学生聊天、看电影、吃饭、吃下午茶的病。”其实，我瘦只是不想做“中年油腻男”。

亲爱的家长们，您今天算是认识我了，以后见到我，就不要这样问我为什么黑啊、瘦啊，应该说“余校长，近期你健康啦”。那我谢谢您。

我再感谢大家抽空来到学校参加孩子们的大会。今天的大会是大家听课的大会，也是你们了解学校的大会，更是大家互相交流、沟通，成为朋友的大会。

我们学校创办于1985年，由香港余氏宗亲会、余风采五堂会筹资2 600多万港元兴建而成。现有28个教学班，在校学生1 445人，教师97人。

学校距离台城城区15千米，离开平市区5千米，是处于台山、开平交界点的一所全封闭学校。2010年以前，为了吸引台城城区的学生到校读书，学校要给每名学生每月补贴30元交通费。后来，在我们所有师生的共同努力下，学校声誉不断上升，“武溪”这一品牌，我们可以很肯定地说，已深入家长、学生的心中，在台山地区，已成为家长较为喜欢的学校。甚至开平地区，不少余姓子弟以及其他学生都慕名而来。从2013年开始，城区的学生一拥而入，多年出现连夜排队报名的现象。当时，我是非常辛苦的，需要整夜值班。今年好多啦，不用值班，无论怎样，我们同坐一个厅，同在一所学校，我们就是有缘人，希望今天以后，我们珍惜这份缘分。

我与大部分家长都还是第一次见面，既然是第一次，我肯定要交交家底，不然，你不会喜欢我的。

荣誉方面：在教学工作上，我们积极推动高效课堂改革，创台山先河，提出“科技教学实验班”和“走位分层”教学改革，得到了江门市教育局的肯定。2018年4月20日，在我校举行全江门所有初中学校的教育教学观摩活动，会场会况空前盛大，人数800多人；武溪中学教学成绩年年攀升，2012年获台山市中考特等奖，2016年、2017年、2018年都获江门市初中阶段协同教育先进单位一等奖，是台山市初中唯一一所连续三年获此殊荣的学校，也多次获台山市教学评价一等奖。从某种意义上说，我们学校的教学成绩是全台山最好的。可能有人会说：“校长，你是不是王婆卖瓜——自卖自夸呢？”当然不是，绝对不是！虽然我们考上台山一中的人数比不上新宁中学，但为什么我们可以做到，而他们做不到呢？因为江门评价不仅看优秀生，还看中层生，更看下层生。新宁中学在初一的时候拿下全市前800名，如果单纯比人数，我怎么比？幸好领导还是英明的，除了比优秀生，还要比下层生的培养。所以，才有了我们连续三年获江门教学最高荣誉。

德育方面：广东省依法治校达标学校、广东省中小学优秀德育科研成果三等奖、江门市安全文明校园、台山市平安校园暨安全文明校园、台山市德育工作先进单位、优秀学校奖、优秀道德讲堂。

体育方面：台山市体育项目学校先进单位。

学校还荣获广东省教师信息技术应用能力提升工程示范校、江门市A级食品安全餐饮服务单位、江门市生态文明示范单位——森林学校、台山市教研工作先进单位、“一师一优课、一课一名师”先进学校、2017年度台山市教育系统首届“学校管理创新奖”等荣誉。

交完家底，再交交心。我有一次参加培训，有一个叫李政涛的教授抛给我们一个问题："我们的孩子将来凭什么在社会上立足？"

家长朋友们，现在的社会已经在慢慢变了，全世界都在推广人工智能。3D打印机，大家了解过了吗？虽然目前还处于打印模型的阶段，但我相信不久的将来一定会实现的。

再看一下的上海首家无人银行，人进银行，卡加脸就行了，就连保安都不用了。

我们再看一些智能的东西，工厂早就都在用智能工作手臂啦，机器人可以拉小提琴，还可以与人下棋。我们每个人手上都有一部手机，没有人不是智能手机，拿着手机干什么都行了，遥控、付钱、沟通交流等，甚至有的人说："女朋友可以不要，但不能没有手机！老公可以不要，但不能没有手机购物！"

有些消极的人发出"毕业即失业"的感叹，机器人写一篇新闻通稿只要10秒钟，还需要新闻专业吗？翻译都用直译系统了，还要翻译专业吗？那我们人究竟需要干什么呢？如果你们都这样想问题的话，你们会失望，你们会焦虑，你们会浮躁甚至压抑。其实，这些不用你们去想，也不需要我去想，这些问题交给国家的领导人去想。因为失业率是每一个国家都要控制的必要数据。

马云先生说过："时代在变，未来已来，将至已至。"马云先生在《未来已来》一书中写道："我认为未来三十年世界会发生巨变。新的技术革命会改变世界的方方面面，如果我们不希望这个技术变革变成社会革命，我们就要从现在开始准备。我们会面临巨大的挑战，所有的挑战当中，教育的挑战是最大的……所以我们必须想到，我们未来将会教给我们孩子什么是最好的。我们必须教给他们机器赢不了的。"

那么，究竟我们要教机器人赢不了我们孩子的什么呢？学科知识？技术能力？行为素养？

如果你作为家长还只是关注孩子的成绩，那么你完全可以送孩子去培训机构。

大家知道学校与培训机构的区别吗？

学校与培训机构的区别

项目	学校	培训机构
办学性质	公益	私利
负责人	校长	老板
目的	教学	教学
关注点	教育	成绩
关注1	兴趣	赚钱
关注2	体育	赚钱
关注3	艺术	赚钱
关注4	生活	赚钱
关注5	交往	赚钱
关注6	心理、心灵	赚钱
对待教师	调动教师积极性	关注谁帮他赚钱最多
对外联系	联系华侨、校友	联系生源，赚更多钱

从这儿大家可以看出，学校与培训机构是有着非常大的区别的。你想孩子健康发展，必须先关注学校，更要关注孩子的品德发展。

习近平同志说："中国未来的竞争不是经济的竞争，也不是军事的竞争，而是诚信道德的竞争！"

我们要关心的应该是孩子的健康生活——身体的、心理的、心灵的、道德的等。

所以学校坚持德育为先，通过正面教育来引导人、感化人、激励人；树人，就是坚持以人为本，通过合适的教育来塑造人、改变人、发展人。学校一直坚持把立德树人作为教育的出发点和归宿。我们学校是以余靖的号"武溪"来命名的，而余靖是北宋著名的官员，他爱国、勇敢、奉献、正直、诚实、博学。通过提炼将余靖的精神概括为"仁、和、思、真"，统称为"武溪精神"。我们希望用"武溪精神"把学生培养成有修养、有风度、有知识、有能力的现代社会主义建设者和接班人。

同时，学校实施"以礼仪教育为主线，以丰富学生生活和班级文化建设为两翼，推进学生'自我管理、自我服务、自我教育'"的德育模式。

我用这么复杂的模式来推进德育工作为的是什么？是为了学校的面子吗？不是，只是为了尽量做到让每个孩子都能得到发展。为了多一把尺子来衡量学生的发展。姚明与潘长江，如果让潘长江与姚明比篮球，那么潘长江一定会有死的心；如果让姚明与潘长江比试演戏，那么姚明也有死的心啊。

我们的主要做法是：突出一个主体，重视两支队伍，搭建三个平台，建设四块阵地。

（1）突出一个主体

突出一个主体就是各类活动以教师为主导、学生为主体的方式开展，突出了学生的“自我”，也就是以学生为主体。

（2）重视两个队伍

一是学生干部队伍：一方面是班级的干部，另一方面是学校的干部。无论是哪一种干部，学校与教师都要充分发挥学生的主体作用，使其成为学校的中坚管理力量。你看我们的孩子刚进入学校两个多月，但有不少学生已进入管理的角色，这是用知识买不到的，更是用钱买不到的。这些对孩子来说一生都受用。

二是班主任队伍：学校非常重视班主任队伍建设，做到有计划、有步骤、有内容地开展一系列活动，有效推进班主任队伍建设。我们的班主任也非常乐意与孩子生活在一起。

（3）搭建三个平台

一是德育先锋。它成为“自我教育”一个重要的载体，我们有自编的校本教材，每个学期有固定主题，每周有相应的小主题，逢星期四晚上，由德育先锋组织本班的同学学习，并填写学习反馈表，学校挑选优秀作品张贴在学校德育先锋宣传栏中，形成正面育人的氛围。

二是文化艺术节。家长们，你知道吗？校园文化节是我来到武溪后才搞的，喊出的口号是“为发展学生的个性化”。其实，我告诉大家，当时有个非常接地气的想法——给学生“解闷”。孩子在校时间太多，不许带手机，没有电视、电脑，不多搞活动，会很闷的。目前，我们已举办了九届校园文化艺术节，我们的艺术节贯穿整个学期，每个月一场晚会，既丰富了学生的课余生活，又增强了校园的吸引力。

三是团委会（学生会），就是培养学生管理能力的机构。

（4）建设四块阵地

这四块阵地是教室、饭堂、宿舍、校园。

教室，重点开展班级文化和班级图书馆的建设，以此打造积极向上的班集体。

饭堂，采取“划区分班定位”的方式进行管理，每个学生有固定的位置，饭后要自行清理自己的区域。同时，“饭堂管委会”还会进行监督以及评价。这样的管理使饭堂获江门A级单位。

宿舍，采取教官与学生“宿管部”共同管理的办法，举行文明宿舍评比活动，并与星级班挂钩，三管齐下，效果良好。

在“三自”管理下，校风蔚然。此外还有《礼仪要求》《上下学规定》《男女交往要求》《卫生制度》等制度。目前，学校的严格管理在台山市内算是小有名气了。

家长们，孩子懂事了，我到重庆、江苏、上海的学校学习，我给大家看看他们的表现吧，我可以自豪地说，我们的孩子比这些学校的孩子在礼仪方面优秀得多。

“严而有爱”是学校教风，就是严谨治学，在严格管理中充满爱心。我们的老师是非常尽职的，所以校道上、走廊旁、树荫下、饭堂前……总能看到老师辅导学生的靓丽风景。

还有一点，至关重要——家校合作。

学校目前存在两大功能（培养与保护），就是培养学生的学习习惯、生活习惯、行为习惯等，特别是我们这样的全封闭学校更要注重学生良好习惯的培养；还有就是保护学生的身心安全、食品安全等。大家知道吗？我的家庭在台城，但我自从来到武溪之后，每周日回来，周五才回家，一天24小时都在学校。老婆经常说：“耀洪啊，家庭只是你的驿站而已，我也只是你家的店二小而已。”我在学校不是想为教学做些什么，而是为学生的安全负责些什么，太担心学生出事了。

大家看看幼儿园的安全事件，学校的门卫保安何其重要。

一个下午，有个家长在门口与门卫对骂起来，我走过去对家长说“不要骂啦”，同时也对门卫说“不要说”。作为家长这样的行为本身就不是一个好榜样；作为门卫也不能与家长对骂，我们是服务、管理单位。

我现在不评论谁对谁错，家长肯定有家长的道理，门卫也有门卫的说法，但有一样可以肯定，就是他们两人都没有理解对方。后来，我教育门卫，我们是服务单位，不是管制单位，以后尽量不要以这样的态度对待家长。同时，我也要请家长们多理解门卫的工作，他们也是非常辛苦的，他们也是在执行学校的制度。

我们再来看网上的一件事情：2018年10月18日，湖南株洲育红小学一何姓教师被警察关入审讯室7小时。事情源于何姓教师班级一名三年级女孩迟到被罚站数分钟，身为株洲渌口派出所副所长的女孩父亲知悉情况后，驱警车直入学校将何姓教师带走。最终的结果是副所长被免职、调离公安系统。但受伤的人呢？一个是教师，被关7小时，大家可以想象一下，心灵受多大的伤害，需要多长的时间才能抚平伤痛呢？还有一个，就是小孩子，她承受得了父亲带给她的伤害吗？同学的嘲笑、失去同伴，小小的心灵能承受得了这么大的压力吗？

习总书记说“学校与家长是构建孩子明天幸福的共同体”，对于学生而言，学校和家庭是最重要的环境，缺失任何一方，我们的教育都是不全面的，学生的心理发展也是不健全的。如果有一方面薄弱，我们的教育则会产生内耗，会出现事倍功半的状况。

我今天在这里想跟大家交流的就是沟通！我觉得沟通必须要做到两点：一是理解，二是信任。理解对方就会产生信任，对对方产生信任之后就会理解。

我的愿景不高，就是希望家长与学校之间多一道桥梁——沟通。老师与家长之间必须互相信任、互相理解。

我们也成立了家长委员会，大家可以随时进校“检查”学校的工作，如进课室听课，去饭堂看看我们的饭菜，入宿舍检查卫生，等等。就在学校第八周举行的校运会上，我们见到许多家长的身影，有的参与学校管理，有的为孩子的班级提供服务，有的为孩子加油打气……在此，我非常感谢这些可爱的家长，因为大家的支持，我们的校运会才如此精彩。

家长朋友们，今天我的讲话就要结束了，你明白孩子的未来要靠什么立足了吗？

感谢您的聆听，衷心祝福您的孩子健康成长，衷心祝福您家庭幸福。

做有头脑的父母，育有思想的孩子

——台山市武溪中学初二级家长会发言稿

尊敬的各位家长：

初一的时候，我们的家长会交给了“感恩教育”。所以，我还是第一次以这样的形式与大家交流。

各位家长，今天我想借此机会就大家所关心的几个问题和个人的一些想法与大家进行交流。我讲话的主题是“做有头脑的父母，育有思想的孩子”。

一、孩子的学习问题

初二这群孩子是非常棒的，在上学期的期末测试中就取得了骄人的成绩，全级人均总分排全市第3名，进入全市前1 000名，就是达到一中线的学生有42名，进入全市前2 000名，就是达到侨中线的学生有163名。其中成绩最好的科目是地理，平均分排全市第2，仅次于新宁中学；其次是语文、数学、生物和思想品德，四科均排全市第3；最后是英语，排全市第4。总体来看，我校八年级上学期各学科平均分、合格率都远远超出市平均值；低分率都远远低于市平均值，尤其是数学、英语和地理三科；地理、生物、数学和英语优秀率都比市平均分高。

同时，2018学年我们学校也是硕果累累。例如，我校被评为2018年度依法治校达标学校，江门市2017年初中阶段协同教育质量先进学校，2017年度台山市教育系统综治（平安建设）考核先进单位，2017年度台山市教育系统“学校管理创新”优秀奖，2017年度台山市教育系统创文工作先进单位，台山市2017—2018学年教育教学先进学校。

黄慧铭老师被评为2017年度台山市教育系统综治考核先进个人；陈伟业

老师被评为2017年度台山市教育系统德育工作先进个人；罗朝帮老师被评为2017年度台山市中小学生排球比赛优秀领队；黄芬芳老师荣获广东省中学生物教学设计与教学论文评选三等奖；朱雪珍老师在台山市2016—2017学年度“一师一优课，一课一名师”活动中，上送的课例Unit4 *Topic*2 *SectionA*被评为台山市级“优课”。

朱健照、李叠玲、黄芬芳、朱雪珍、邝丹桂、容惠雅、李春梅和曾宪相老师荣获台山市2017—2018学年初中非毕业班教师教学成绩优秀奖。

李钊瑜老师撰写的论文《孤儿思想道德建设的难点及对策》获2017年广东省中小学优秀论文与科研成果评比二等奖；陈伟业老师撰写的论文《浅谈初中新生班级班风建设的有效三步走》获2017年江门市基础教育优秀论文评选二等奖和台山市教育学会第32届年会评比一等奖；余琼芳老师撰写的论文《初中班级管理策略》获台山市教育学会第32届年会评比二等奖；李健儒老师撰写的论文《农村初中数学课堂教学有效性的初探》和李春梅老师撰写的论文《探究信息化教学在农村初中地理高效课堂的实践》获台山市教育学会第33届年会论文评选三等奖。

骄人成绩的背后离不开孩子的努力，更离不开教师的辛勤付出。初二级这支教师团队团结合作、求真务实且极具奉献精神。我们都知道没有良好的班风就没有良好的学风，因此初二级在这两方面下了很大的功夫。

为了激励各班创先争优，提高班级凝聚力，培养学生积极进取的精神和竞争意识，初二级有针对性地进行了多项评比，如《早晚读评比方案》《跑步操评比方案》《早练跳绳评比方案》《优秀班干部激励方案》和《期末备考奖励方案》等。各项评比检查细致到位，班主任和学生都非常重视。因此，上学期全级10个班均获得武溪中学“五星级标兵班”荣誉称号。

另外，在班风级风方面，为进一步加强学生的组织纪律性和文明礼仪素养，初二级上学年重点抓考勤、课堂纪律、课间纪律和仪容仪表等方面的行为规范。通过抓级领导加强巡行检查、班主任加强纪律要求、科任教师协助管理的三方共同管理模式，发现不良问题立即对违纪学生进行批评教育，把违纪行为扼杀在萌芽状态，进一步增强了学生的守纪观念。孩子在武溪生活学习一年多了，相信在座的各位家长也一定能看到自己孩子的学习习惯、行为习惯和自理能力发生了好的转变。

在学风方面，上学期中段考试后，初二级就开始在下午6：35—7：00和晚上9：10—9：30两个时间段实行学生自主学习、自主管理的模式。这两段时间要求学生自觉进行自习、写作业或在班干部带领下读书，目的是培养学生一进课室即学习的良好习惯。通过班主任不断加强对班干部管理能力的培养和对学生的纪律要求，同时，为了激励做得好的班级和班干部，制定了《优秀班干部激励方案》，通过值日领导进行巡行检查打分。到现在全级大部分学生已经适应这种学习模式，在没有教师监管的这两个时间段，班干部能够监督到位，学生进入学习状态速度快，自习质量大大提高。有效的自主学习模式已经成为初二级的一大管理特色和学习常态。

此外，初二级还特别重视培优转差工作。学校每周星期二和星期四第八节课都会组织各科教师深入班级，有计划、有目的地对学生进行辅导：重点对优秀偏科生和临界生进行辅导，为他们排忧解难或对他们的作业、练习分批进行面批，从而提高优秀率，降低低分率，更为期末测试做好充分的准备。针对学生基础不牢，成绩参差不齐的情况，我们的教师并没有泄气，而是放弃自己难得的休息时间，午饭后、晚饭后甚至晚自修后连续不断地辅导学生。许多教师声音都嘶哑了，连说话都很困难，仍然带病坚守在自己的岗位上。我为我们有这样一个充满爱心、信心、耐心和责任心的团队而感到自豪。

二、孩子的情感问题

有不少家长心存困惑和疑虑：为什么我的孩子在初一还是很听话的，到了初二感觉叛逆了很多，和家长沟通交流也明显少了，甚至会顶嘴了，成绩也下滑了？为什么会变化那么大呢？我们家长能做点什么呢？在这里，我把造成这种“分化”的原因和应对的方法与家长交流一下，希望能对您教育孩子有所帮助。

初二阶段的学生刚好处于人生的第一次心理断乳期，其生理特征已进入青春期，他们的身体迅速发育，长高了，有的男孩子还长出了一些胡须。在心理上，他们变得懂事了，但是也更有自己的想法，甚至自我感觉已是成年人了，可是知识水平和生活实际能力还欠缺，所以这个阶段的孩子最容易出现问题。我们也称之为“初二现象”。

那么，怎样与孩子沟通才能达到引导、帮助孩子，促进孩子学习的目的呢？我们首先要了解“初二现象”有哪些具体表现。

1. 逆反心理严重

初二学生有一个突出的特点就是不服管教。一些学生对教师、家长的批评不再虚心接受，开始反驳、顶撞师长，越是父母、老师不让做的事，他们越起劲地去做，一定要和父母、老师“对着干”。这并非有个性的体现，而是叛逆的心理在作祟。

2. 独立意识强烈

初二学生自我意识逐渐加强，他们有了一定的评价能力，总认为自己不是孩子了，发生事情也不愿和父母及师长交流，总想摆脱老师和家长的束缚，但由于他们的思维独立性和判断性还处于萌芽阶段，他们往往情感脆弱，做事莽撞，不计后果，极容易受外界影响。有时候，父母、老师的一千句也抵不上小伙伴的一句。一些很好的孩子，因为与社会上那些所谓的“好兄弟”交往，可能误入歧途。

3. 好奇心增强

这一时期的学生精力充沛，好奇心强，任何事总想试一试，包括对异性的好奇。心理上的表现是容易兴奋和冲动，产生爱情萌芽，大多数早恋发生在这一时期（尤其女生）。而早恋会给学生造成严重的心理伤害，严重影响孩子的学业。对这一时期的孩子，家长要高度重视。

早恋的学生一般有下列几种表现：

（1）讲究打扮和发型，喜欢逛街。

（2）上课听讲注意力不集中，心事重重，学习成绩呈下降趋势。

（3）沉默不语，不能按时就寝，逃避集体活动。

（4）电话、书信量突增，打电话时间长、次数多。

4. 成绩下滑严重

初二定位为中考征程中的加油站。从摸索的初一阶段进入初二，掌握了一定的学习方法和学习技巧后，有些学生一下子就放松下来了，以为初二是初中三年里最轻松的一年，松懈了。其实不然，初二是一个起承上启下、衔接和扭转作用的关键学期，如果盲目松懈，会导致学习失去方向，从而影响考试成绩，错失进入重点高中的良机。

因此，初二阶段是孩子最容易“惹事”和“犯错”的时期，但又是品德养成和学业发展的关键时期，若过渡不好将影响其一生。这个时期，孩子发展顺利，固然幸运；产生了一点麻烦、困惑，也不必紧张。我们应认识到这些都是孩子青春期的表现，犯错是孩子的权利，也是走向成熟的必备代价。对于以上这些情况，我们不要责怪孩子，也不要给孩子太大的压力，应该调整心态和方法，多和孩子沟通，耐心疏导。

三、如何关爱孩子

下面就针对孩子的以上心理特点和家长们谈谈第三点——应该如何去爱孩子?

孩子的成功=40%的自身努力+30%教师的推动力+30%家长的关爱。孩子的成长离不开爱，成功的教育源于爱。我想，如果我问各位家长，你爱自己的孩子吗?回答是肯定的。但如果问："你应该如何去爱自己的孩子的呢?"问题就复杂得多了。种庄稼不能不浇水，但浇水过多庄稼会溺死；教育孩子，不能没有爱，但要爱得适度，爱得理智。溺爱是一种十分愚昧的爱，往往在甜蜜中毁了孩子。俗话说娇纵如杀子，溺爱对孩子的成长十分不利。

有的家长只关心孩子吃穿，不管孩子的学习。我们学校就有这样的事例：家长帮助孩子向班主任撒谎请假。还有家长从不管孩子的家庭作业，孩子不做作业，成绩非常差，老师多次将情况向该家长反映，家长回答是："我没时间管。"还有的家长，孩子在学校里和同学发生了一点摩擦或受了一点委屈，家长第一时间不是教育引导孩子，而是想办法帮孩子出气，讨回"公道"。不知道今天这些家长是否参加了我们的座谈会，我奉劝这些家长，你这样教育孩子，对孩子的成长是十分不利的。

那么应该如何去爱这个阶段的孩子呢?我认为要做到以下几点。

1. 做一位榜样型的家长

（1）父母要时刻注意自己的言行举止，以身作则，为孩子树立起一个好的榜样。父母是孩子的第一任老师，家庭是孩子的第一个课堂，每一位父母都应认识到自己的言行对孩子的成长起着十分重要的作用。俗话说，喊破嗓子，不如做出样子。孩子天生就善于模仿，父母的思想态度、兴趣爱好、言行举止、待人接物、生活方式，甚至走路的姿态，都可能潜移默化地影响孩子。因此，家庭教育不可忽视父母的示范效应，家长必须为孩子树立良好的榜样。

（2）创造和睦、稳定的家庭气氛，给孩子营造一个良好的学习环境。家庭教育的特点是感化、示范和熏陶。良好的家庭文化氛围可以使孩子有良好的文化教养。学习需要集中精力，要有独立的学习空间，做家长的有时就得做出牺牲。比如孩子在家学习的时候，尽量不要做打麻将、打牌等严重干扰孩子学习的事情，不要让家庭生活中的矛盾（尤其是夫妻间的争吵）干扰到孩子。

（3）平时要和孩子多交流，关心孩子的生活和学习情况，而不是等孩子成绩退步了，问题出来了才去责骂孩子。无论工作多忙，每个星期都要和孩子做一次谈话和交流，了解其在校的生活和学习情况，学会平等地与孩子一起看待他们成长中遇到的问题，因为我们的一切工作都是为了孩子美好的未来。比如，孩子回到家随便问问：这星期学校有什么新鲜事？学校的饭菜还可以吗？这个周末想去哪里玩玩？等等。寻常的交谈会引起孩子的兴趣，使孩子产生亲近感。家长还要寻找一些孩子感兴趣的话题来交谈，这样才能打开孩子的心。

2. 做一位民主型的家长

（1）要给孩子发表意见和观点的权利，不要粗暴、武断地剥夺孩子的发言权。已经进入青春期的孩子很难再简单地服从和遵守家长的命令，这个阶段应多给孩子一些尊重，切勿过分责备。在教育孩子的时候态度不能粗暴，语言不能过激，不要一味地去斥责孩子，应把握好尺度，掌握自己孩子的特点，选择合适的地点和时机，讲究方式方法，多听听孩子的心声，帮助他们分析存在的问题，共同寻找对策制订计划，帮助他们改正缺点，那样孩子才不至于产生逆反心理，才愿意和你交流。

（2）要全面而准确地评估自己的孩子，善于欣赏、发现孩子的闪光点，以鼓励为主，批评为辅，多给孩子一点信心。由于孩子的个体差异，免不了成绩有好有坏，不要脱离实际地给孩子施加压力，经常给孩子制订几个容易达到的小目标，使孩子树立自信心。孩子由于不肯学习，导致成绩差，我们就应该适当地批评。如果孩子很努力了，成绩却不怎么理想，我们更应该给他信心，而不是一味地给他泼冷水，否则会使他对学习产生反感的情绪。正面的鼓励赏识是促使孩子成功的有效途径。比如一次考试考砸了，与其嘲讽他（瞧你这模样，还有什么出息），不如换一个角度，效果会大不同（这么难的题目，也得了60多分，不错呀！）。作为智力强些的孩子的父母，一定要让孩子看到“人外有人，天外有天”。

（3）要正确看待孩子的分数，透过成绩看问题，跳出成绩谈反思。时代变了，人才的标准也在变，分数不能决定一切，高分未必高能，只有综合素质全面发展，有较强的适应能力和创新能力的学生才能适应未来社会的竞争和挑战。您的孩子学习成绩好，并不意味着思想好、能力强；您的孩子暂时学习成绩落后，并不意味着思想差、能力低。家长关心孩子的分数是应该的，但应正确看待，分数的高低与试题的难易成正比，试题简单一些，分数水涨船高。科学地说，学生学习成绩是否有进步，要看他在班上的名次，看他在多少人中所处的位置。从本班看，从本年级看，从孩子的过去看，既要横向比较又要纵向比较，不能认为分数就是一切。进步了，要引导孩子不要自满；退步了，应该心平气和地与老师、孩子一起研究存在的问题，期末考试后的反思和整改措施比考试本身重要。

3. 做一位细心型的家长

（1）要肩负作为家长的责任，多与老师交流，深入了解孩子，凝心聚力推进家校合作。个别家长把孩子交给学校，对孩子的思想品质、学习成绩等方面的情况不闻不问，甚至还有的家长老师请他到学校来交换意见，也从来不肯露面，一切责任全推给老师，这是一种失职。大家可以想想：自己的孩子自己都不想管，班主任怎么能管得过来几十个孩子。教育是双向的，学校教育离不开家庭教育的配合：倘若没有良好、正确的家庭教育配合，再好的师资和学校都不可能产生好的教育效果。家长平时要主动与学校、老师联系，方式可以灵活多样，来校、来电和微信均可。家长了解情况不能只了解分数、在班里排第几名，其他就不闻不问，这是片面的，应多方面了解孩子的表现，如孩子的生活习惯如何，上课是否专心，有没有积极大胆发言，是否合群，独立性怎样，是否喜欢活动，等等。这样及时沟通，互相配合，才能形成教育合力。

（2）要理解老师，与老师坦诚相待，保持立场一致，互相尊重，携手共创优质教育合力。作为家长，要尊重理解老师的教育，正确对待老师的不足。人无完人，老师的教育管理水平有高有低，家长应与老师沟通看法和解决分歧，要相信老师的话。孩子毕竟是孩子，孩子说的话有时并不一定是真实可信的，要了解真实情况，相信很多误解通过沟通是完全可以消除的。此外，家长一定要维护老师在孩子心目中的威信，不能在孩子面前议论老师的不足，更不能贬低老师，坚定地站在学校、老师一边，同样老师也会维护家长的形象。孩子还小，一旦老师在他们心目中失去了应有的地位，那么连同这门功课，他们也会拒绝学习，这样，孩子的损失就大了。只有家校合作，老师与家长相互理解、互相支持，教育才能形成合力，收到好的效果。

（3）要履行监护责任，密切关注孩子的变化，及时发现和纠正错误。曾有人说“五加二等于零”，什么意思呢？是说学校花了五天时间对学生进行正面教育，但是周六、周日回到家中，家长撒丫子不管，使孩子无拘无束，我行我素，孩子就会把学校的礼仪常规抛之脑后。由于家长的要求和学校的教育不一致，学校的教育成果消失殆尽。更为严重的是两个长假期后，新学期开始孩子要用很久的时间才能适应学校的学习和生活。因此，家长一定要做到以下几点：

第一，任务监督。帮助孩子合理分配周末或假期学习和娱乐的时间。最好和孩子约法三章，如学习多久就可以换取多久的娱乐时间，严格控制孩子上网和玩手机的时间，督促其有质量地完成各科周末作业（多检查备忘本），还要吩咐其做一些力所能及的家务和适当的体育锻炼。

第二，安全督促。要掌握孩子离、返校时间。家长不在家的，到家后要及时打电话报平安。很多学生喜欢放学后在街上游荡，容易接触社会青年。周末尽量少让孩子单独外出，如果出去找同学玩，一定要问清楚和谁玩，到什么地方，做什么，几点回家。不准夜间9点以后在外玩耍，更不能彻夜不归。

第三，经济督促。以色列有句名言：再富不能富孩子。让孩子吃苦，培养孩子艰苦朴素的作风对孩子的成长是有利的。进入我校就读的学生，不少家庭经济状况比较好，希望我们的家长控制孩子的零用钱，并关心孩子的钱用在哪些方面。不给孩子买昂贵的衣物和学习用品，尤其是手机。手机本身没有错，用好了，助推成功；用错了，贻害无穷。孩子的自控能力是很弱的，我们都知道现在手机就是很多孩子的精神鸦片。学校通过检查发现，很多学生偷偷带手机回校，晚上躲在被窝里上网、玩游戏或聊微信，玩到深夜，造成睡眠不足，第二天就会精神不济，严重影响学习。所以，学校禁止学生带手机回校，也希望每位家长引起重视，严控孩子玩手机的时间，不要让孩子因为迷恋手机、沉迷网络游戏，毁掉一生，毁掉家庭的未来。

各位家长，关于教育教学的话题是纷繁复杂的，恕我不能一一谈及。大家把孩子交到我们手中，是对我校教育教学工作的充分信任和肯定。总之，家长的支持和配合是我们前进的动力。希望各位家长积极与学校多联系、多沟通、多交流，做有头脑的父母，育有思想的孩子。我坚信，在学校、家长、学生三方共同努力下，一定能实现我们共同的美好目标。

最后，祝在座的各位家长身体健康，万事如意！谢谢大家！

为孩子明天的起航而加油

——初三级家长会讲话稿

亲爱的家长朋友们：

大家下午好！首先对各位家长能在百忙之中抽空来参加我们的家长会表示衷心的感谢，对我们学校和班级的工作的支持表示感谢。我代表学校对各位家长的到来表示热烈的欢迎。

我们已是熟面孔了，所以，今天这个会算是朋友见面会、交流会。下面谈一下以下几方面的情况。

一、学校和级组荣誉

德育方面：广东省依法治校达标学校、广东省中小学优秀德育科研成果三等奖、江门市安全文明校园、台山市平安校园暨安全文明校园、台山市德育工作先进单位、优秀学校奖、优秀道德讲堂。

体育方面：台山市体育项目学校先进单位。

学校还荣获广东省教师信息技术应用能力提升工程示范校、江门市A级食品安全餐饮服务单位、江门市生态文明示范单位——森林学校、台山市教研工作先进单位、“一师一优课、一课一名师”先进学校、2017年度台山市教育系统首届“学校管理创新奖”等荣誉。

级组教师荣誉：

（1）黄惠娥主任被评为2018年台山市中小学“学宪法、讲宪法”演讲比赛优秀指导教师奖。

（2）黄现娥副主任被评为台山市教育系统“优秀通信员”。

（3）王统全级长被评为台山市2017—2018学年教学管理先进个人。

（4）陈超科、陈金锐、邓锦浓、黄现娥、余德亮荣获台山市2017—2018学年非毕业工作先进个人。

（5）黄惠娥、马五海、梅月平荣获台山市2017—2018学年毕业班工作先进个人。

（6）黄惠娥、黄现娥、陈超科、王统全、胡志萍、顾刚等老师被评为2017年台山市初中西北区教研联盟先进个人。

（7）论文方面：黄惠娥获广东省一等奖，胡志萍、陈超科获广东省三等奖，余耀洪、陈锦庄获台山市一等奖，陈锦庄、陈超科、黄现娥、邓锦浓获台山市二等奖，梁荣贵、赵艳笑、黄惠娥、胡志萍获台山市三等奖。

（8）优课、课件、微课方面：伍梅清获广东省优课，王统全、伍梅清获台山市优课，胡志萍获江门市微课一等奖，胡志萍获软件制作江门市三等奖，黄惠娥、伍梅清获课件制作江门市优秀奖。

二、初三级学生两年来的表现

不知不觉我们的孩子在武溪中学已经有两年多时间了，在这两年多的时间里，他们成长了许多：个子长高了，身体变壮了，学习进步了，更懂礼貌了。看到他们身上一点一滴的变化，不仅家长开心，我们的老师也很开心。

你们的孩子太懂事了，2018年是我在武溪的第9个年头，学校董事会极力挽留我在学校继续留任，其实，你们的孩子也在挽留我，2018年5月份的时候，我在台上演唱了一首《一起走过的日子》，歌词是结合在武溪工作8年来的感受与感情自己改的，孩子们非常聪明，知道我可能要离开武溪，不少孩子当面或微信跟我说："校长，要留下来啊，我们舍不得你！"做教师求什么，除了吃饭，就是让孩子记住自己，这样才有成就感与自豪感。

两年来我们这一届的学生取得了非常不错的成绩，大家看一看我们这一届学生在前四个学期期末考试的成绩：

学期	1	2	3	4
前1 000名	40	39	39	38
前2 000名	142	148	133	130
平均总分排名	4	4	4	4

从以上成绩来看，我们这一届学生成绩非常稳定，相信经过初三一年的努力，我们这些孩子的成绩会有很大的提升。全市前1 000名的学生下降了两名，不过，我可以非常坚定地告诉大家：2019年进入台山一中的学生远远不止38这个数。

三、优秀的班主任

为什么说我对我们的成绩提升有信心呢？因为我们的初三级是一个非常团结的集体，我们教师的能力也是非常强的，特别是我们9位班主任。

（1）初三（1）班班主任：陈超科副主任，本学期由于工作需要兼任初三（1）班的班主任，多年班主任经验、级长经验，必将带领我们初三（1）班取得辉煌的成绩。

（2）初三（2）班班主任：黄瑞春，工作勤奋，经常到班级去看孩子们的学习，责任心非常强。

（3）初三（3）班班主任：邓锦浓，工作踏实，积极肯干，经常晚读前去班上看看孩子们的读书情况，等班级稳定下来才离开，而且非常注重班干部的培养。

（4）初三（4）班班主任：伍梅清，工作细致耐心，虽然初三（4）班有些学生比较调皮，但她还是非常耐心地去教育他们。进入初三，我们的初三（4）班进步了很多，孩子们也更懂事了。

（5）初三（5）班班主任：谭倩萍，工作积极，对学生的教育非常有耐心，工作抓得非常细致，班级表现非常稳定。

（6）初三（6）班班主任：赵静，非常有责任心的一位教师，严格要求学生，高标准打造班级，对学校布置的工作都能认真去执行，所带班级班风、学风正。

（7）初三（7）班班主任：黄杏萍，非常有魄力和气势的班主任，学生在她的调教下都能乖乖听话，而且作为初三级的老大姐，总能第一个到位。

（8）初三（8）班班主任：陈云辉，最有亲和力的一位班主任，能和学生打成一片，把学生当朋友，深受学生的喜爱。

（9）初三（9）班班主任：赵艳笑，管理班级很有一套，非常注重班干部的培养，整个班级积极向上，进入教学楼，琅琅的读书声最早传出来的必定是初三（9）班。

让我们把最热烈的掌声献给我们9位班主任，感谢他们对工作的付出，为我们来年的中考打下了坚实的基础。

四、学生明年的选择

教学工作需要教师的付出，也需要每位家长的配合。孩子的教育关系到一个家庭的未来，可以说孩子通过教育能改变一个家庭的命运，所以家长应该特别关注孩子的学习。2019年6月份，我们的孩子将面临人生当中的第一次大的选择：升学还是就业？其实这样的话题，我们都会面对，因为总有家长认为就业比读书好，还跟我们争辩“读书无用论”。那么今天，我们先不讨论升学还是就业问题，我们先来看一对父子的有趣对话。

儿子问爸爸：“爸爸，我为什么要上学？”

爸爸：“儿子，你知道吗？一棵小树长一年的话，只能用来做篱笆，或当柴烧。十年的树可以做檩条，二十年的树用处就大了，可以做屋梁，可以做柱子，可以做家具……

“一个小孩子如果不上学，他7岁就可以放羊，长大了能放一大群羊。但他除了放羊，基本干不了别的。

“如果上6年学，小学毕业，在农村他可以用一些新技术种地，在城市可以到建筑工地打工。

“如果上12年学，高中毕业，他就可以学习很多机械的修理了。

“如果大学毕业，他就可以设计高楼大厦、铁路桥梁了。知道了吗？”

孩子似懂非懂地点点头。无论孩子懂与不懂，但起码让孩子知道家长的立场与要求。

从农民爸爸与孩子的对话当中我们不难看出：我们的孩子的选择其实只有一个，那就是升学读书。

五、给家长们的几点建议

为了孩子能顺利升学，我们所有的教师都在努力，同时希望我们的家长也积极配合。接下来我想给我们的家长几点建议。

（一）给孩子一个目标

我们了解一下什么是目标。目标就是对活动预期结果的主观设想，是在头脑中形成的一种主观意识形态，也是活动的预期目的，为活动指明方向；应用到孩子的身上，就是指对读书有一个长期或短期的主观设想，并在头脑中形成一种主观意识形态，为自己的活动指明方向。

哈佛大学有一项非常著名的有益目标对人生影响的跟踪调查，对象是一群智力、学历、环境等背景差不多的年轻人。调查发现：

当时27%的人没有目标；60%的人目标模糊；10%的人有清晰但短期的目标；3%的人有清晰且长期的目标。

25年后，那些27%没有目标的人都生活在社会的最底层，生活不如意，常常失业，常常抱怨他人，抱怨社会；那些60%目标模糊的人几乎都生活在社会的中下层，能安稳地生活和工作，但没有什么特别的成绩；那些10%的有清晰短期目标的人大部分生活在社会的中上层，共同特点是，短期目标不断被达成，成为各行各业不可或缺的专业人士，如医生、律师、工程师、高级主管等；那些3%有清晰且长期目标的人25年间都向着同一个方向不懈努力，几乎都成为社会各界的顶尖成功人士。

孩子是祖国的未来，父母的希望，在家庭中，家长无一例外地对孩子的将来有所考虑和期望：期望孩子成绩出众，将来考上大学，有成就的有之；期望孩子有经营头脑，将来可以挣大钱的有之；期望孩子只要快乐、平安地度过一生的有之……总之，天下所有的父母都希望自己的孩子有能力，有本事，将来能够好好地生活，能够比父辈生活得更好。很多情况下，父母的殷殷期望化作了孩子向上奋进的动力。

但我们的孩子都不一样，每个孩子的情况不同，所以目标也应该不一样，作为家长千万不要拿自己的孩子跟别人的孩子比：你看谁谁考第一名，小学的时候你的成绩与他一样；你再看谁谁考第二名，小学的时候你的成绩可是比他们高多啦！

家长们，如果让潘长江与姚明比篮球，那么潘长江一定比不过；如果让姚明与潘长江比演戏，那么姚明也一定比不过。所以，作为家长，应该给孩子适当的期望，不要过分要求。现在，我们的孩子已经初三了，如果你的孩子学习基础还可以，在全级前80名，应该给他的目标是一中；如果你的孩子成绩在全级180名以内，应该给他的目标是侨中；如果是300名以内，给他的目标应该是台师；如果你的孩子成绩在400名左右，说明基础比较差了，要开始想好去读什么职业高中，选择什么样的专业，学习一技之长对他来说也是不错的选择。

（二）给予孩子适当的鼓励

1. 教师的鼓励

幼儿园的教师总是这样鼓励孩子："棒棒棒！你真棒！"。小学一年级、二年级还可以这样"棒棒棒！你真棒！"，然后再加些红花。到了五年级、六年级，如果还"棒棒棒！你真棒！"，这个时候，"棒棒棒！你真棒！"就不棒啦，要来简单而又效的"表扬"。比如，给学生一个整齐而有力的鼓掌。到了初中，怎样？幼儿园、小学的方法在初中许多时候不管用了，用什么鼓励学生呢？"你这一堂表现好，今天的作业不用做了""你这次考试不错，这个星期的作业不用做了"，学生得到了鼓励，许多时候就像打了鸡血一样，充满力量。

每年在最后的一个学期，我都要对初三的学生说一些话，多是鼓励的话，如"拳头理论""自信赢天下""一切皆可能"。而且，我给他们定一个小目标，如凡是比一模考试有进步的，学校都会发一个奖状给学生，以鼓励学生努力学习。

2. 家长的鼓励

那么，作为家长，你应该怎样鼓励孩子呢？我给大家一点小建议。

（1）及时表扬

当孩子获得成绩后，作为家长必须表扬他，千万不要忘记。我跟大家聊聊我家的老黄同志。上星期五下午，我回到家里与儿子聊天，说到了中段考试的问题，他就跟我说："爸爸，我中段考大部分都进步了，历史不用复习也考了81分，政治考了71分。"我说："哦，太棒啦，继续努力！考上侨中是没有问题的。"他说："那当然！"我问他："成绩告诉妈妈了没有。"他说："没有啊。"我就说："快点告诉妈妈。"儿子走去厨房跟他妈妈说："妈妈，我这次考试历史不用复习也考了81分，政治考了71分。"儿子的话还没说完，我家老黄也不回，眼也不看，来了句："才71分，好什么好！"而且分贝还不低。我估计儿子在回来的时候已经有了信心，经过我的肯定以及吹捧之后，估计见到他妈妈的时候，已经上升到半空，结果，给妈妈一棒打到地上。儿子灰溜溜，头也不回地走了。我走过去正儿八经地对老黄说："老黄同志，你犯错了，你刚才用冷水将儿子浇了一身，将他身上的火灭了。"老黄还蒙在鼓里："灭什么啊？你把我的火灭啦，我还要煮饭呢，你不想吃了吗？"她就是这样的人，心急、认真、善良。

虽然71分不高，但也是孩子的进步，上学期期末只有66分，进步了5分。作为家长一定要抓住机会，表扬鼓励孩子，让孩子有信心，信心比任何东西都重要。

（2）透支表扬

当某名学生在一次考试中成绩不理想时，不要强迫他，而应说："别灰心，你曾考过九十几分，还记得吗？下次你一定还会考出九十多分的。"这样一来，学生的顾虑消除了，心理压力减轻了，包袱卸掉了，又得到了老师的鼓励，以后他一定加倍努力，暗暗争取下次考试取得好成绩。

（3）暗示表扬

心理暗示的作用是非常大的，往往对一个人良好的心理素质的形成起着决定性的作用。你与孩子聊天的时候，可以不经意地跟他说"你可以做到……"之类的话。

（4）对不显眼的优点表扬

赞扬不要老是停留在孩子习以为常的优点上，而是要去挖掘孩子身上一些鲜为人知的优点，表现出家长的独特眼光，让孩子得到一些新的肯定，效果反而更好。

（5）物质奖励

物质奖励就是给予孩子一些钱或者孩子需求的物品，如手机。

鼓励是一种艺术，我们要根据每一个孩子的进步来表扬、鼓励。我希望孩子在鼓励下进步。

（三）给孩子一个好环境

孩子成长的环境由社会、家庭、学校构成。社会大环境你我都无能为力，学校的环境由我来营造，那么家庭的环境就由在座的家长来营造。我们经常说"5+2<7"，是什么意思？就是说学生往往在学校学习5天，学习到的知识经过2天的家庭与社会环境的熏陶，结果不尽如人意。

1. 和谐的家庭文化

良好的家庭文化可以使孩子有良好的文化教养。孩子的学习需要精神集中，也需要有独立的学习空间。所以，我们做家长的，许多时候就要放弃一些东西，甚至是牺牲。比如，家长的娱乐，当孩子在家学习的时候，尽量不要做打麻将、打牌等严重干扰孩子学习的事情。又比如，家长的矛盾不要在孩子的面前爆发，否则会严重影响孩子。

2. 与孩子谈心交流

谈心会让孩子平静，容易与孩子产生感情，特别是初中的孩子，父母平时要和孩子多交流，多关心孩子的生活和学习情况，而不是等成绩退步了或青春期问题出来了，才想责骂孩子。那是无效行为，甚至会造成孩子的逆反心理。所以，父母无论工作多忙，每个星期都要和孩子做一次谈话和交流，了解其在校的生活和学习情况，平等地与孩子一起看待他们成长中遇到的问题。比如，孩子回到家随便问问：这星期学校有什么新鲜事？学校的饭菜还可以吗？这个周末想去哪里玩玩？等等。寻常的交谈会引起孩子的兴趣，使孩子产生亲近感。家长还要寻找一些孩子感兴趣的话题来交谈，这样才能打开孩子的心。

3. 管住孩子的手机

手机有很大的害处，就像老鼠过街人人喊打。手机会毁掉孩子的身体，也会毁掉孩子的心理。

禁止孩子玩手机，我感觉是非常困难的，手机是孩子的宝物，也是大人的宝物，网上不是有人说"可以不要女朋友，但不能没有手机；可以没有老公，但不能没有手机朋友圈"吗？饭菜上来，手机先"吃"，咔嚓咔嚓一通按，然后发个朋友圈。大人尚且如此，孩子可想而知。大部分孩子坐在一起，讨论什么？不是讨论你的学习怎样，也不是讨论你有没有女朋友，有没有男朋友，而是"王者荣耀"打到几级，打得怎样，还有就是"吃鸡"。现在的游戏太厉害了，可以边打边说话"你来，我掩护！""哪里有敌人，你打左，我打右！"非常有趣，非常刺激。我想，我如果出生在这个年代，我也会爱死游戏。

没有办法吗？也不是，特别是对于我们武溪这样的全封闭学校。我的看法是，学校的手机是可以禁止的，家里的手机，你就要管住它，不要让孩子无时无刻地用，你能让孩子完成教师的作业，还有些时间健健身、看看书、与父母交流交流、按时睡觉，那就行了。

建议：

（1）高质量的陪伴。每天给孩子30分钟的专注陪伴，要心无旁骛地倾听、交流。现在的社会大部分孩子都是有父母的"孤儿"，尽管父母陪伴在身边，但却没有认同、没有理解、没有传递正能量给孩子。

（2）榜样的力量。如果大人回家后手机不离手，却声嘶力竭地要求孩子远离手机，可能吗？

（3）用游戏或公约的方式，比如约法三章，每天只能玩手机30分钟，到时间就关机。

（4）增加户外活动。没有孩子不喜欢出门的，培养他一到两个运动爱好。

（5）寻找替代品。如果孩子喜欢用手机看书，就用纸质书代替；如果孩子喜欢玩游戏，可以教他象棋、围棋。

（6）制订科学的作息时间表。几点吃饭，几点写作业，几点下楼溜达，几点洗澡睡觉，每天把生活作息安排得科学而有序，没有无聊的时间，孩子自然就不会玩手机了。

有一位5岁孩子的妈妈，就完全做到了让儿子不爱看电视、不爱玩手机，怎么做到的？“无它，唯坚持而已。”

最后送大家一句话：人类发展的历史证明，“没有任何力量能毁掉下一代，除了上一代”。

4. 默契的家校合作

学校目前有两大功能：培养与保护。对于学生而言，学校和家庭是最重要的环境，缺失任何一方，我们的教育都是不全面的，学生的心理发展也是不健全的。如果有一方薄弱，我们的教育则会产生内耗，会出现事倍功半的状况。

幸好，我们学校的家长还是非常支持学校工作的。

有对比才能更显得我们学校学生家长的可爱，对于家校合作，我有几句话想说一下。

首先，大家要相信我们教师，我们所做的一切，其出发点和归宿绝对和你们是一致的，都是为了教育好孩子。我们不可能也绝不会有意为难学生，刁难家长。然而，有时候我们的工作得不到个别家长的理解与支持，如我们的教师有时请家长到校，个别家长就不理解。

有人说中考不仅考学生，也考家长。的确如此，家长的心态和教育方式会直接影响孩子的学习和考前心态。家长都望子成龙，全心全意为孩子忙里忙外，但教育不仅需要爱，更需要智慧和理解支持。

尊敬的家长，学校教育不是万能的，但学校会尽力，家庭教育也不可少，望家长重视。你们的孩子需要我们教育，我们的学生也需要您的呵护。一个学校要发展和生存，必须有家长的关爱，希望家长处处关心爱护学校，给我们提出宝贵的建议和意见。

再次感谢大家的到来，您已经在无形中为孩子树立了诚信守时的榜样。教育无处不在，今天的家长会到此就结束了，但教育的脚步永远不会停止。

家庭教育和学校教育的关系探究

百年大计，立德树人。“立德树人”是教育的根本目的，它离不开家庭教育，也离不开学校教育，但目前在我国应试教育的背景下，家庭教育和学校教育均出现了很多弊端，造成这些不和谐现状的原因主要有多依赖学校，少家庭参与；多理论教育，少实践体验；多智力培养，少兴趣引导几个方面。解决这些不和谐现状的根本途径在于转变观念，认清家庭教育和学校教育的关系，最终形成合力，实现“立德树人”的教育。

有研究表明，影响学生学习的因素排在前三位的是师生关系、亲子关系和同学关系。家庭教育和学校教育对个体的学习具有十分重要的影响，但目前我国不论是学校教育还是家庭教育都有很多不和谐的现状，学生抗压能力差、高分低能等种种教育的弊端正成为我国全面发展教育的障碍。消除这些不和谐的因素需要一个长期的发展过程，因为人的教育是一个缓慢的过程，只有认清问题、摆正观念，才能实现“立德树人”的教育目标。

一、目前家庭教育与学校教育不和谐现状及成因

1. 多依赖学校，少家庭参与

家庭是社会的基本细胞，是人生的第一所学校，不论时代如何变化，不论生活格局发生多大变化，我们都要注重家风，发扬中华民族的传统美德，使千千万万个家庭成为社会和谐的各个支点。家庭教育、学校教育和社会教育是教育的三大支柱，家庭教育是所有教育的基础，但是现在很多家庭成员工作繁忙，将教育的任务全部交予学校，尤其是现在很多学校是全封闭学校，对学生的管理和家庭教育脱节。可见，对学生盲目地进行封闭式管理造成了家庭教育的缺位，这样的教育绝对无法培养一个德智体美劳全面发展的人才。

2. 多理论教育，少实践体验

亲身体验胜过千言万语。目前的社会大环境造就了学生“唯分数论”的观念，全封闭学校教育为确保自身生源稳定，提高知名度，在教学过程中，重理论、轻实践，重知识点讲解、轻道德素质的培养，而家庭教育往往没有弥补学校教育的不足，反而成为学校教育的延伸，这就造成了学生德育的缺位，是背离教育初衷的。教育的初衷是“教书育人”，如果只有“教书”，没有“育人”，谈何教育？

3. 多智力培养，少兴趣引导

兴趣是最好的老师。卢梭认为儿童应该是自由的，我们应该尊重儿童；蒙台梭利提出“儿童是成人之父”；儿童本位观认为教育应以儿童为中心。但是目前的全封闭学校教育和家庭教育往往按照同一标准规划学生的学习，全封闭学校对学生实行统一管理，未重视学生的个性化发展，没有很好地尊重学生的兴趣，发挥学生的主观能动性。公安大学教授李玫瑾曾经指出，“智力的相当一部分取决于遗传，当你的孩子学习不行的时候，就要研究孩子其他方面的优势”。

二、家庭教育与学校教育要形成教育合力

封闭学校是学校新时期教育改革的必然产物，它通过寄宿方式管理学生，学生生活和学习全部在学校完成，可以使学生更专心地投入学习。但是，一些独生子女家庭条件较好，其自身无法适应全封闭学校管理，在短时间内无法融入学生群体，导致学习成绩下降。因此，家庭教育需和学校教育形成教育合力。封闭学校教育重视对学生人格的培养和自我独立的锻炼；封闭学校管理尊重教育规律，符合学生发展需求，可提高学生的个性化能力，培养学生的竞争意识。针对上文目前家庭教育和学校教育不和谐的现状，笔者认为最根本的解决途径是转变观念，认清家庭教育和学校教育的关系，摆正家庭教育和学校教育的地位。只有从根本上转变错误观念，才能使家庭教育和学校教育形成合力，达到“立德树人”的教育目的。

1. 家庭教育与学校教育同等重要

家庭教育与学校教育同等重要，不存在孰轻孰重的问题，因此家庭与学校应该相互尊重。首先，家长不能过分依赖学校的全封闭式教育，忽视家庭教育的重要性。家庭教育是一切教育的起点和基础，好的家庭教育对于个体的身

心健康发展具有十分重要的意义。公安大学教授李玫瑾曾经指出，很多青少年犯罪的根源是早期家庭情感依恋的缺失，一个从小没有被亲人爱过的人又怎会正确地爱他人？一个从未被尊重的人，又怎会尊重他人的权利和生命？其次，学校也不能过分依赖家庭教育，忽视学校教育的积极意义。学校教育对人的身心发展有非常大的作用，对个体社会性的发展、加速个体发展具有家庭教育无法替代的重要意义。

2. 家庭教育与学校教育的目标是统一的

不论是家庭教育还是学校教育，都是影响个体发展的环境因素，其教育的目标是统一的，都是培养德智体美劳全面发展的人才。学校教育包括德育、智育、体育、美育和综合实践活动。学校教育是有计划、系统性的全面发展教育，以提升个体的综合素质为目标，而家庭是个体日常生活接触最多的环境。生活是最好的老师，如果有好的学习环境，学生个体就会在家庭潜移默化的影响下，习得科学知识、道德规范等。因此，在现代教育中，应该形成“家校合育、携手共进”的教育局面。

3. 家庭教育和学校教育要保持一致

家庭教育和学校教育要保持各个阶段的一致性。譬如，在学前教育阶段，学校教育开始培养学前儿童的独立性，那在家庭教育中，家长就不要什么事都大包大揽，要学会退出学前儿童的餐桌，让他们学会独立吃饭等。在小学及中学阶段，除了学生需要掌握的科学文化基础知识之外，学校还应为学生民族素质的提高打好基础，应当加强全封闭学校与家庭之间的联系，如通过微信群、家访、家长会、家长接待日等方式让家长明确学校需要家庭配合的内容；家长要以身作则，不能与学校的要求背道而驰。只有家庭教育和学校教育保持一致，才能取得好的教学效果和质量。

4. 家庭教育和学校教育要形成互补

家庭教育和学校教育应在个体发展中发挥不同的功能。功能互补，才能取得事半功倍的效果；功能互补，对于学生的个体发展有十分重要的意义。家庭教育具有灵活性、及时性、亲情感染性，学校教育具有计划性、系统性，在个体的某些问题上，只有双管齐下，才能解决问题。就拿全封闭式学校教育来说，教师面对很多学生、完成整个教学目标，而不只是一个个体，但同样的教学方法作用于不同的个体，教学效果是不一样的，虽然学校教育计划性强、效率高，但只有家庭教育才能更灵活、及时并富有亲情感染性地针对个体产生作用。

5. 家庭教育与学校教育要发挥各自的优势

正如上文所说，家庭教育和学校教育具有各自的优势，只有发挥各自的优势才能实现“立德树人”的教育目标。学校是社会发展到一定阶段的产物，学校教育在促进个体身心发展的过程中起着主导作用，学校教育是一种有目的的培养人的活动，给人的影响比较系统、深刻。全封闭学校有专门负责各个方面的教师，能促进学生身心按一定方向发展，学校教育具有家庭教育无法比拟的计划性、系统性，对个体社会性的发展具有积极的促进作用。全封闭学校应利用自身的优势，发挥自身的作用。同时，家庭教育是教育的基础，对个体身心的健康发展具有学校教育无法替代的功能。家庭教育应利用自身的亲情感染性，以身作则，引导个体提升素质。现在流传很广的家庭教育三字经具有一定的借鉴意义，其内容包括“尊孩童，人格高。勿暴力，前途秒。故示弱，自信找”等。

6. 家庭教育与学校教育是“共生关系”

共生是指两种不同生物之间所形成的紧密互利关系。在共生关系中，一方为另一方提供有利于生存的帮助，同时也获得对方的帮助。简而言之，倘若彼此分开，则双方或其中一方便无法生存。家庭教育与学校教育是“共生关系”，也就是说如果其中一方缺位，不论是家庭教育还是学校教育，另一方都无法真正发挥作用，实现“立德树人”的目标。“全面发展教育”是我国现有的教育观，践行这个教育观，就离不开家庭教育与学校教育的合力作用。

三、结语

邓小平说过，“百年大计，教育为本”。教育是为国家培养人的活动，目前教育主要包括学校教育和家庭教育。学校教育和家庭教育是教育天然的合作者，家庭教育及其与学校教育的配合程度直接影响着教育质量的好坏，因此，我们应树立正确的观念，明确家庭教育与学校教育的关系。只有家庭教育与学校教育平衡、协调，才能实现“立德树人”的教育目标。

参考文献

[1] 王蕾.家庭教育与学校教育关系建设研究［J］.民营科技，2017（1）：237.

[2] 郭建斌.家庭教育、学校教育和社会教育的共生关系研究［J］.终身教育研究，2018，29（2）：40-43.

用心经营，让校园充满笑声活力

校长以身作则是激发教师积极性的最好武器

以身作则是以自己的行为做出榜样，出自《论语·子路》：“其身正，不令而行；其身不正，虽令不从。”

1998年做校长时，我还年轻，不懂以身作则的作用，只知道与教师打成一片，与教师交朋友。1998年9月，我到牛角龙小学担任校长职务，全校只有10位教师，100多位学生，那时候，我们一起办公，一起玩，大家还真可以成为朋友。

其实体会最深的还是在萃英中学。萃英中学当时的教师在白沙地区是出了名的难管，有的教师直接冲撞教导处，甚至是校长。教师早上不是回学校，而是到学校对面的侨联酒店喝茶，一直到上午八九点才回校上课。周五下午，不少教师不经学校批准就离开了。

我刚到萃英中学便了解到这些情况，感到有些棘手，怎么办呢？当时，我是与竞科一起过去的，在上班前，我与他一起去拜访以前教过我们的老师（我们俩都是萃英中学毕业的，我比竞科大一届），向他们请教，了解他们的思想动向，询问他们的工作困难。

在萃英中学工作的切入点，我认为是抓考勤工作，因为教师早上到侨联酒店喝茶的做法会令群众看不起教师，从而给学校的工作造成阻碍。因此，我觉得抓好考勤工作是管理萃英中学的第一步。我的想法是：以身作则，以自身的做法带动教师，感染学生，让全体师生都能遵守考勤制度。

（1）站岗。从进入萃英中学的第一天起，我每天早上6：00都准时站在校道上。萃英中学只有一个门口、一条校道进入学校，因此，我在马耀东纪念楼前一站，就能对师生回校的情况一目了然。我把教师回校情况记录在案，谁最早回来，谁最迟回来，谁回来就能积极投入工作，谁回来只是在办公室或没有投入工作闲聊，我都一清二楚。

（2）表扬。每周都有教师例会，其中内容之一就是将本周早回来工作的教师表扬一通，对早回来而又积极投入工作的教师更是下大笔墨表扬，让这些教师脸上有光，让他们心里高兴，让他们下一周不得不更加积极地投入工作。同时，我找出一两位能做到早回来并投入工作的老教师或有病的教师，进行表扬。例如，黄植华教师，他身体不太好，转课教体育，但他能每天6：30分就回来带队训练，而且还带领李福林老师积极投入工作，因此，第一周教师例会上我就表扬了黄植华老师。他非常开心，第二周更加积极。另外，还有一个叫黄国俊的教师，他年纪比较大，快要退休了，但他还是比较早地回学校，虽然没有直接投入工作，但像他这样年纪的教师做到早回校就很难得了，因此，第一周我也表扬了他，结果他把黄锦良老师带到他的团队。由此看来，表扬的力量是无穷的。

（3）改善。改善教师的早餐，一是免费让教师吃饭堂的早餐，二是改善教师早餐的质量。当时体育课组长李福林过来对我说："校长，我们训练晚了，往往到饭堂没有早餐吃，我们可以到侨联酒店吃吗？"我说："不行，学校已经为教师准备了早餐，足够你们吃的，如果不够的话，我到侨联酒店买回来给你们吃。再者，你们一群人到侨联酒店吃早餐，影响极坏。之前你们难道没有听到群众对你们做法的评价吗？"他当时就表态："对不起，校长，我知道了。"从此之后，体育组的教师再没有一人到侨联酒店去喝茶了。

（4）处罚。对于教师不遵守考勤制度，总是迟到的，我没有批评，当然也不是听之任之，而是采取比批评更让人害怕的做法。怎么办呢？以生治师！每天早上7：00上课，总有学生迟到，我亲自抓这些迟到的学生，并且把学生列队于校道上。当迟到的教师回校，第一次看到这些列队的学生时，感到惊奇。有个老资格的迟到教师叫马炳舜，他问旁边的领导："这些学生搞什么啊，都站在这儿，真搞笑！"领导对他说："哦，是校长让这些迟到的学生热烈欢迎迟到的您啊！"这位老教师的脸一下子红了起来。在第三周的星期一早上，他回来得非常早，特意走到我的身边说："校长，不好意思，我以后不去喝茶了。”我很真诚地跟他说了一句：“多谢支持！”

我2010年5月份从北陡回到武溪中学，对于“以身作则”的感受更加深刻，自己做不到的不能要求教师做，自己做不好的事情与教师商量做。只有校长做到以身作则，才能更好地激发教师的积极性。

校长与同事一起担当责任更令下属佩服

来到武溪中学后，有几件事让我感受很深，就是校长敢于面对家长，敢于调停家长间、家校间的矛盾，有利于矛盾的化解与处理。

说说今天的事件吧。

2018年5月2日，二（2）班容伟靖在北陡中学某学生的利益诱惑下，打了二（1）班的陈海峰。陈当时没有告诉班主任，等到周末回家才告诉家长，该家长很愤怒，于星期六召集数人到容家要个说法，遭到了容家的拒绝，这使陈家长的面子下不来，准备回校找容伟靖算账。结果双方相约周一到学校来处理。

5月6日早上10：00，陈家长到学校来，在教师的带领下走进我办公室。坐下来之后，由于早已相识，他对我也较为客气，但也很激动。无论他多么激动，我都坚持学校的立场：一是确保孩子没事，二是不能私下赔钱，三是不能找学生算账，四是家长与学校配合找出教育学生的最佳方法。在我较为严厉的言辞下，家长最终被我说服，没有再提出过分的要求，算是成功处理了这事件。

北陡中学有这样的风气，同学之间有矛盾造成打架事件，或是教师打了学生，家长都要求金钱赔偿，而且屡屡得逞。

其实，对于德育工作，我可以置身事外，让副校长处理，但往往副校长出面往往得不到家长的理解与尊重，而当校长一参与，并认真听取家长的诉求后，家长大多会尊重校长的意见。我来武溪中学三年，出现两宗家长要求赔偿的案例，都是北陡中学学生的家长，都是在我的参与处理下解决的。

可见，校长适当参与调停处理有利于事件的解决。

曾有这样一所学校，德育处与校长室一墙相隔，无论德育处吵闹得多么厉害，甚至打起来，校长都坐得稳如泰山，简直是两耳不闻窗外事，有一次与该校副校长聊起来此情况时竟流下两行热泪。可想而知，他们是多么需要校长的参与啊。

课程改革中的校长与教师关系分析

课程改革是随着时代的发展而进行的，校长是这项举措的实施者，教师是课程的接受者与传播者。校长与教师可以是下属，也可以是合作伙伴。职位定义了两者的职责，也定义了两者的关系。本文将对课程改革中校长与教师的关系进行分析探究，希望能解决各校所出现的两者交流矛盾的问题。

一所学校要想更好地发展，不仅需要校长的带动与引领，还需要教师发挥特长进行协助。教育在当今社会受重视的程度是不言而喻的，因为不论是社会还是家庭，都想让孩子得到最好的教育。一所好学校的建立需要校长与教师合作，校长为学校引领方向，教师则出谋划策。校长与教职工之间的关系是至关重要的，校长与教师在合作过程中应该融洽共处、和谐沟通、优势互补，为学校的发展发挥自身的最大优势。

一、校长与教师要有共同的奋进目标

以封闭学校为例，学校要想长期发展，就需要校长有超前的眼光与合时宜的计划，带领众教师齐心协力为学校的发展贡献力量。学校应结合当今实际需求，进行教学上的改革与创新，在原有的基础上进行整合、凝聚、提升，形成新的发展内力，抓住每一个机遇，不断推进课堂改革。在每一次改革之前，反复思考和征求众人意见，把学校建成规范化、质量高、特色化的学校，明确学校的发展愿景，学会与时俱进。学校对教师发展提出认真、负责、尝试、学习、大胆的要求。教师应该学会享受职业、增强技能、建立师生友谊和团结合作，以教育质量为核心，以提高教学效率为动力，以风趣教学为依托。在全封闭教学环境下，学生难以与外界沟通交流，心境多处于压抑状态，教师应该锻炼自身的幽默感，为学生送去温暖，在全封闭教学环境下充当学生的亲人与好友，为了共同的学习目标而努力，关心每一位学生，定期举办娱乐活动，增进师生间的感情，增强亲密感。教师负责与学生日常的亲密交流，校长管理教师的日常工作，分工明确，为共同的美好愿景努力奋进。

二、课程改革中校长与教师的冲突关系

1. 教师对校长的指令有抵抗心理

校长的职位确实高于教师，但教师已习惯日常的工作环境、与学生的友好相处，难以适应校长强制下达的教学指令。校长为教师安排不合适的教学模式或难以接受的新课程，让他们去改变自己已习惯的教学方式，不仅意味着他们需要学习新知识，还会遇到各种问题与学习困难，花费众多的时间去琢磨新的教学模式与教学心得。在这种情况下，教师很容易出现负面情绪，不服从安排、情绪容易失控、上课易走神，严重的会导致师资力量的减弱。教师难以接受新教学模式，从而导致改革遇阻。

课程改革意味着重新开始，加重教师的教学压力，大量消耗教师的心力与时间。校长或许只想马上看到效果，并不会给予教师过多的时间去适应新课程的改变，致使教师不知道新课程如何进展，造成教师的抱怨与抵触心理，让校长与教师的关系岌岌可危。

2. 强制实行新课程

对于新课程的实行，大部分教师都会有抵抗心理，校长为了尽快提升学校的发展速度，会动用职权，使用强硬的手段让教师适应与实行，并会根据新课程的实行，执行课程试听和检查教学的方案。从这一点看，校长扮演的是擅用职权的人，用自身的威严强制性地让教师去适应新课程。这样的方式并不可取，以强硬的手段达到自己的目标，会让人难以真正接受。校长实行强制性的课程改革，教师会口头答应，心里却无法接受，导致新课程的效果难以真正体现。

3. 强硬的手段难以服众

课程改革没有预期的效果，发现教师的敷衍行为，只会让校长心理上难以平衡，认为自身的权力受到了忽视，会采取特别的方式，以绩效评估、优秀教师评比、奖励和惩罚的方式对教师进行管控，这种方式所产生的后果就是校长与教师之间持久的拉锯战，注定课程改革难以正常实行，消耗大量的人力及物力，不利于学校的稳定发展。

综上可知，如果校长擅用职权强制教师服从，就会产生适得其反的后

果。没有真正为教师的实际情况与真正需求做分析，会导致教师集体的反对与抵抗，课程改革最终也会走向失败。校长实行课程改革前，如果没有与教师进行多次洽谈，课程改革是难以实行的，只有从心理上说服教师，让其知道课程改革对学生、学校的重要性，才能切实有效地让教师对新课程进行探究与普及。

三、课程改革中校长与教师的和谐关系

1. 成为互相关怀的朋友

每个人都需要得到他人的鼓励与关爱，教师也不例外。他们虽是知识的传输者，但除去职位，也是普通人。校长在实行课程改革时应最先与教师交流，共同探讨教学模式的利与弊，多倾听教师的意见，尊重教师，实现两者平等的交流，这样才能让教师消除负面的情绪，有问题敢于与校长沟通，而不是迫于校长的威严不敢沟通。学校是教育场所，不应该有那么多的职权纠纷，应让教师感受到温暖和力量，从心理上对学校有归属感，愿意为学校更好的未来尽自己最大的力量。对课程的改革有畏惧心理是人的常态，毕竟教师已经教学多年，有自身的心得与感悟，更有自己独到的教学方法，而新课程意味着重新开始，校长应该给予鼓励与尊敬，开导教师学会与时俱进，根据时代的需求进行创新。

2. 校长与教师应团结合作

校长是学校发展的引导者，教师是学校发展的协作者，两者缺一不可。在实施新课程的过程中，校长可以先提问教师几个问题：教学的创新是为了什么？如果安于现状能产生更好的学习效果吗？教师自身的职责又是什么？校长与教师之间可以适当地换位思考，不断地研究与创新，在实践中修正与规范前进的方向。产生有价值的教育模式才真正对得起自身的责任，对得起学校这个教育基地。新的课程是一项新的挑战，让我们抱着兴趣去学习、去体会、去积极地参与课程改革。

3. 校长与教师互相尊敬

有远见的校长是值得人们尊敬、爱戴的，没有人会不喜欢优秀的人，校长应该将课程研究、开发和实施的权力交给教师，让教师清楚自身的重要性，知道其责任，从而促使教师对课程改革改变认识并做出承诺。

教师应明白，教学的改革并不是否定自身的教学能力，而是为了适应未

来时代的发展要求。改革是以现实为背景进行的不断优化，可以为学生提供更好的学习场所，促使他们在未来成为社会所需要的人才。教师可以为校长提出课程改革建议，校长给予鼓励，双方是合作者，同是课程改革创新中的一员。在课程教学、探讨及听讲的过程中，教师要大胆提出自身的问题，让众人一同探讨解决方法。改革的成功取决于双方互相的尊重与信任，教师有信心、有动力，就能更积极地投入教学，在教学中重新积累教学经验，在学生的提问中不断总结与思考，及时解决问题，与学生共同进步。

四、结语

学校的发展离不开校长与教师的共同努力，校长是改革创新的引领者，应该做好详细的课程改革规划，及时预防与教师之间可能产生的矛盾，实现共同发展。一个好学校，离不开认真负责的教师，离不开思维活跃的学生，更离不开睿智有远见的校长。学生支持教师、教师配合校长、校长做好课程改革的规划，才能共同营造一个美好又生机勃勃的校园。

参考文献

[1] 韩芳.课程改革中的校长与教师关系[J].教学与管理：中学版，2018（6）：40–43.

[2] 张斌.探究以科学管理提升校长和教师关系质量的策略[J].华人时刊（校长），2017（12）：31–33.

[3] 崔建华.以科学管理提升校长和教师关系的质量的策略[J].新课程导学，2016（8）.

校长要有国际性视野

——名师大讲堂学习体会

2014年5月21日，我在江门市教育局的组织下参加了“名师大讲堂”的学习。学习虽然只有短短几个小时，却丰富了我的知识，活跃了我的思维。

本次大讲堂的主讲者是加拿大多伦多一位名校长——区启强先生，他用讲授与互动的形式进行讲课，重点包含三个内容：组织与管理、操行和纪律、健康及安全。区校长在谈到校长的角色时，提出了这样一个观点：校长一定要有国际性视野。虽是简单的一句话，细细咀嚼后，却给自己带来深深的体会。

一、国际性视野拓展思维的深度

“坐井观天”的故事相信许多人耳熟能详，但又有多少人能从中吸取教训呢？一位好校长就是一所好的学校，校长决定着学校的发展，相信这是行内的一个共识。因为，学校的思想文化需要校长建设与传承，教师的工作热情需要校长调动与激发，学校的发展需要校长规划与带领。有位名校长说过，校长可以不是教学上的能手，也可以不是学校最忙的人，但必须是思想的引领者。既然是思想的引领者，那么校长的思维深度就显得非常重要了，思想狭隘的校长能带出思想开阔的教师吗？答案是否定的。特别是在农村学校，不少校长是从教师一步一步走上来的，其见识范围、接触外界面等均比较狭窄，也就是说，不少农村校长的见识具有极强的地域性，那么他的思维深度就显得不够。区校长的讲课非常有效地拓宽了校长的视野，拓展了校长的见识。如在与区校长互动时，我本人向他提出了问题：“现在当校长较为担心的是学生的安全问题，特别是在组织学生活动时。请问，在加拿大的学校，如果组织学生外出活动时发生了意外，校长应负什么责任？”虽然区校长没有直接说明应负什么责任，但他也说出在加拿大所有学校中，均有一本安全手册，上面列出了各类型活动的安全指引。反观我国学校的安全管理，没有这样的一系列的安全工作指引，如组织活动时学校应做什么、如何做，没有严格的规定，只是在安全事故发生后，才发出所谓的“严格……”等举一反三的做法，令校长因学生外出活动而担惊受怕。我们可以借鉴国外的经验，自行设计一整套适合本校实际的安全工作指引，内容包括上课、放学、课间、自修、活动、集队、应急等方面，既可解决无章可循的尴尬，又可加强师生的安全保障。由此可见，国际性视野可以拓展思维的深度。

二、国际性视野影响决策的高度

江门市教育局组织本次学习也是具有前瞻性的做法，起码让部分校长、教师接触到国外教育思想与教育做法（给我们提供了一个学习平台），特别是对于我们这些农村学校的校长、教师而言，更为可贵。到国内一些先进学校学习较为容易，而想出境了解国外的教育状况与教育动向就极为困难，对于经费不足的学校而言则难上加难。

一所学校发展如何，关键在于校长的决策。如何决策，决策是否科学，决策是否能被所有教师接受并执行都会影响制度的实施。如果校长的视野狭窄，思考面不广，那么所做决策就不具有科学性。区校长所讲授的四个重点内容，其中第一个是组织与管理。他在“校长的角色”中提到校长做决策必须有思维高度，必须有科学性，要想思维有高度就必须多加学习，国际化学习尤为重要。他一语中的，作为校长没有国际性视野何来国际思维，没有国际思维何来科学决策呢？对此，我体会非常深。2011年开始，连续三年，我校在香港余氏宗亲会的支持下，组织教师、学生到香港风采中学进行交流学习。通过参观校园、听取经验介绍、互动交流等方式了解香港的教育文化、教育思想等。他们办学开放、开明，而且学校实施的是“一荣俱荣，一损俱损”的制度，我非常喜欢这样的制度，没有危机就没有竞争，没有竞争就没有发展。虽然国内目前做不到，但却给了未出过国门的乡下教育工作者一个启示。回来后，学校所有制度以团队精神为基础重新制定，德育工作实施以学生为主的策略，效果明显。校风短短三年中排名升至台山市前列，获多项德育奖项，学校三年内两次被评为“台山市优秀学校”。学校招生在2010年时还需要用交通补贴的办法吸引学生就读，到2013年就变成用分数线限制学生就读了。所以，我认为校长的国际性视野影响决策的高度。

三、国际性视野左右处事的广度

每位校长面临的事情都非常多，作为农村校长，不仅要完成上级布置的工作任务，还要处理学校的普通事务，更要为捉襟见肘的学校经费而四处奔波。对于如此繁杂的事务，如何处理？这无时无刻不在考验校长的智慧。区校长提出“校长必须要有国际性视野”，他还说到如何“应对难相处的人”，这对校长处理事务有很大的帮助。

所谓广度，意指气度宽宏。校长的确要有宽广的胸怀，上善若水，如果校长没有气度，处处与教师较劲，事事计较，那么他肯定造就不出团队精神，带领不了教师。一位气度宽宏的校长必定能得到教师的尊重，必定能造就出精诚合作、战斗力强的团队，必定能带领学校创造出令人欣喜的成绩。

学习过程是辛苦的，体会是甘甜的。我在“名师大讲堂”中不仅学到了名校长的经验，也体会到上级对基层教育的关注，更激发了自己对武溪中学改革的斗志。我要以他们的成功经验作为我们前进的基石，在借鉴中完善自我，在改革中提升学校品牌。

师生同乐，激发学校发展原动力

善化解“危险”，拉学生于自己身边

2019年4月12日星期五中午，我刚刚睡醒，习惯性地拿起手机看看信息，突然初三级长王统全发到溪源阁上的一条信息把我震下了床。这是一位学生的“绝笔信”。天啊，这种事竟然发生在我身边。我迅速整理好内务走下来，其间陈锦庄副校长打电话过来：“余校长，三（4）班有个学生写‘绝笔信’，我看着初三级其他班学生，所以没有过去。”我跟他说：“好的，你一定要跟踪啊！”

我本不想理，但还是放心不下，不由自主地走向初三级组。见了学生，级长与伍梅清班主任在与他聊着，孩子不断地哭。我站了一会儿，边亲切地拍着他的肩膀边对他说：“我可以跟你聊聊吗？”孩子点点头。我从他的眼睛里看出，其实他不会有什么事的，因为他的眼睛里没有绝望，甚至没有失望，虽然有不少的眼泪。

我先与他聊我的遭遇，以得到他的信任。

然后，我问他为什么要写“绝笔信”。他回答：“我压力大，我想考上侨中，但爸爸妈妈不相信我，总是说我自大。爸爸妈妈说我如果考不上一中、侨中、台师就不要读书。”

我一直开解他，他也接受了我的开解，同时，我与他约法三章：一是不能拿生命开玩笑；二是努力一个月后，我可以帮他撤销一个或两个大过；三是以后有什么事一定要告诉我，无论是困难还是思想压力问题。

我们勾起手指做出承诺。

之后，我打电话给他的妈妈：“您好，您的儿子今天在学校写下了‘绝笔信’，被老师发现了，现在虽然暂时解开了心结，但我们不能忽视孩子的心理。”他妈妈听后，好像并不紧张，只是说：“哦，他现在怎样呢？”“他现在没什么事了，但孩子的心理有时候是猜不透的，他今天回家后，您尽量关心一下他吧，也深入了解一下究竟是因为什么事。”这时，这位家长开始说孩子的“好事”，并哭泣起来。原来这并不是一个好学生，吸烟、赌博、在宿舍玩纸牌，许多坏事都干，而且在德育处也记有三个大过。

按理，这样的学生绝对不会轻生，但我们不能因为经验而忽略他的“绝笔信”，宁可信其有，不可信其无。

其实，他还有一个弟弟，这也是一个因素，因为有了弟弟，他可能会产生被忽视的错觉，而对自己产生一种放弃行为。

其中还有一点，就是当孩子发生这样的事，在我与孩子聊天完后，级长和班主任竟然还未与家长联系。这种“急事”应该第一时间与家长联系，不然若孩子有什么事，我们的责任就比较大了。

校长多点亲和力又何妨

昨天初二（10）班有个女孩走进我的办公室，对我说：“校长，我可以跟你说些事情吗？”我微笑着说：“可以啊，有什么事呢？”“我有件不公平的事跟你说说。”“哦，好的，你说说吧！”我让她坐下来说话。

“是关于选拔主持人的事情，我从小就非常喜欢当主持人，现在这个梦想还在，但昨天选主持人的时候，我觉得非常不公平。”“怎么个不公平法呢？”“第一是我班的同学不喜欢我，排斥我。第二就是我在演讲的时候，不少同学干扰我，让我发挥不好。校长你能不能让我有一个机会进入决赛呢？”她边说边哭。我就是这么一个心软的人，看到孩子哭，就起了恻隐之心。

这个孩子把难题抛给了我，我想了一下跟她说：“第一个问题，你想过没有，为什么同学不喜欢你。那是你在班里面还没有做到公平公正，没有全心全意为班级同学服务。如果你真正做到了，同学们不会不喜欢你。第二个问题，你作为选手，被同学干扰，做到不影响发挥才是强者，而被影响则说明你的进步空间还非常大。第三个问题，我不能随便用我手中的权力为你一个人争取这样的机会，否则会让学校所有同学都觉得我不公平、不公正。你想一下，每一个同学都像你一样跟我说一下，我就给他这样的机会，那是不是学校要大乱呢？要知道社会的竞争是非常残酷的。”

感动·感恩

——学生礼物

有一天晚上我在办公室写东西的时候，“校长好！”随着一声问候走进来一位活泼开朗、热情奔放的女孩子。我看到她手里拿着一些东西，就想到她可能有东西送给我，但我该不该收她的礼物呢？这个女孩非常害羞地对我说：“校长，我有一点小礼物送给您，每位老师都有的，希望您收下。”天哪，每位老师都有。我立马就说：“礼物贵不贵呢？贵，我不会收。”这个女孩就说：“校长，不贵的，只是一点点心意而已。”我看到好像是一个锁扣，应该也不贵，所以就决定收下了。然后，她给我一封信，对我说：“校长，我还有一点心声要告诉您。”

她走后，我迫不及待地打开了信，感动啊，泪差点就落了下来，幸好人到中年，控制力还是不错的。我的感动不是因为她对我的赞美，也不是因为我真把武溪带得这么好，而是突然觉得自己的一点心事被一个涉世未深的女孩子看到了。感恩就是命运把我安排在了武溪中学，让孩子们认识了我，让我能把自己的一些想法化为现实。

明天就要中考了，真心地祝福她中考成功！

师生场之杂锦

“绳”采飞扬

——记我校教职工跳绳比赛活动

为丰富我校教职工业余文化生活，增强教师间的凝聚力和合作意识，2015年1月6日下午第8节课，学校全体教职工汇集于大操场，举行一分钟跳绳比赛。

比赛以级组为单位分为三队，每队26名运动员，根据各队26名运动员跳绳总得分排名，跳绳一次得1分。

在体育科长梁荣贵老师的一声令下，整个赛场沸腾起来了，每位教师都表现出不凡的实力，使出浑身解数，一个个铆足了劲儿，脸涨得通红，双手摇得飞快，舞动绳子的他们就像空中跳跃的小精灵。只见绳子在他们的脚底下“嗖嗖”地穿过，围观的拉拉队员们更是不甘示弱，加油声此起彼伏，一阵比一阵响亮。顽强拼搏显身手，神采飞扬展美姿，现场气氛无比高昂与欢腾。

通过激烈的角逐，最后，初一级获得第一名，初三级获得第二名，初二级获得第三名。

观百花，游松湖，迎三八

寒冬已过，春暖花开，正是结伴踏青的好时节，为庆祝一年一度的三八妇女节，我校组织全校女教职员工于3月2日前往东莞梦幻百花洲游玩。

百花洲里雍容华贵的“牡丹园”、浪漫惊艳的“玫瑰园”、彩蝶翩翩的“蝴蝶谷”、亦梦亦幻的“百花谷”以及工艺精湛、造型生动的“如意花门”“荷兰风车”“花卉大观”、小桥、花船等景观令女教师心花怒放，流连忘返。

离开百花洲后，大家前往松山烟雨景区，一起环湖骑行。一路上，绿树环抱，湖水清澈，湖鸟浅翔，春日暖暖，欢声笑语，真是令人心旷神怡，疲劳尽消，精神振奋。

“莺啼陌上人归去，花外疏钟送夕阳。”本次悠闲之旅于傍晚时分结束。短暂的旅程让女士们不仅收获了来自大自然的一份浓浓的情意，更增进了彼此之间可贵的友谊。

趣味再寻“蒙眼接力” 心有灵犀“举脚一踢”

——记我校教职工举行蒙眼踢球接力趣味比赛

为丰富我校教职工业余文化生活，营造健康文明、积极向上的校园氛围，增强教师间的凝聚力和合作意识，4月23日下午第8节课，我校全体师生汇集中于大操场，举行教职工蒙眼踢球接力趣味比赛。

比赛以级组为单位共分三队，每个级组各派8位男女教师参赛。每组第一名队员在起点戴上眼罩，裁判发令后原地自转三圈，再在队员的语言指挥下向前行进25米，到达另一头后把放置在圆圈内的足球踢出圈外，在指引队员帮助确认球已出圈后，摘下眼罩跑回起点，把眼罩交给下一个队员，依次进行。

随着“开始”的口令响起，宁静的校园顿时沸腾起来，在队友的引导下，教师们你追我赶，穿梭于红绳中间，摸索着踢足球，迸发出无限的激情。热烈的气氛迅速掀起了比赛的高潮。

通过激烈的角逐，最后初一级获得第一名，初二级获得第二名，初三级获得第三名。

我校教职工业余生活丰富多彩，本次比赛是2014年10月22日学校第26届田径校运会上教职工蒙眼迎面混合接力赛的升级版。

奋进新时代　共筑健康梦

——记武溪中学第七届教职工“健康长跑”活动

为提高学校教职工坚持锻炼身体的健康意识，营造团结协助、和谐发展的团队氛围，构建教职工的“健康幸福梦”，同时展现教职工队伍昂扬奋进的精神风貌，5月11日早上8时，由学校办公室发起的“武溪中学教职工第七届健康长跑活动”在美丽的石花山拉开序幕，共有120余名教职工及家属参加了此次环湖长跑活动。

随着余耀洪校长的一声令下，教师队男子甲、乙组，女子甲、乙组及家属队男、女组共六组队员分别从起点出发，途经九孔桥分叉口、石化路分叉口回到终点，全程5公里。选手们健步如飞，矫健的身姿、快乐的笑容展示着新时代我校教职工的自信与健康。最终教师队男子甲组陈益宏、乙组吕凤海，女子甲组邝玉珍、乙组邝丹桂，家属队男子组陈荣辉、女子组李夏韵夺得各自小组的第一名。

从2012年10月至今，学校已成功举办了七届健康长跑活动，通过比赛，达到了使教师劳逸结合的目的，让“每天锻炼一小时，健康生活一辈子”的理念深入人心。

喜看桃李香天下　乐洒甘霖育新苗

——记我校庆祝第32个教师节暨“我心中最美教师”献花活动

晨曦细雨育桃李，金秋硕果慰园丁！9月是一个收获的季节，是一个感恩的季节，是一个属于教师的季节。在这个洋溢着感恩和祝福的日子里，武溪中学以各种活动向教师们表达了节日的祝贺。

9月9日上午7：10，我校全体师生欢聚操场，隆重举办庆祝第32个教师节暨“我心中最美教师”献花活动。

活动由校团委书记吴艺裕主持，首先由学生代表献上节日的祝福；接着由余耀洪校长向第5届“我心中最美教师”颁发奖状和奖杯，学生代表为每一位“最美教师”献上一束深蕴武溪学子感恩之情的美丽鲜花，同时邀请“最美教师”发表感言。本次当选“我心中最美教师”的是余超峰、余美浓、黄瑞春、陈俊琴、邝丹桂和甄丹丹六位教师。

各班级还结合实际，积极鼓励学生以健康、力所能及的方式向老师表达节日的祝贺，如送给老师一句真诚的祝福，帮老师倒一杯水，给老师一张自制的贺卡等，以实际行动向老师表达由衷的敬意。

学校还开展了其他庆祝活动，有分级小聚会、原初三级“辉煌”碑的揭幕仪式、“歌声心声，感谢师恩”教职工歌唱比赛。教师们踊跃参加，欢声笑语、其乐融融，会场气氛高潮迭起。

教育发展功在千秋，人民教师光荣神圣。通过一系列丰富的活动庆祝第32个教师节，既营造了良好的节日氛围，又增强了教师身为人师的幸福感和责任感。

最美的乡村教师

——我校隆重举行教师“道德讲堂”活动

自2013年4月1日首次举行全校性的“道德讲堂”示范课以来，“道德讲堂”已在我校有序、深入地开展。为进一步推进我校师德建设，结合我校实际，2014年10月17日，我校全体教职工隆重举行了教师“道德讲堂”活动。本次活动由余耀洪校长主持。

活动以“最美的乡村教师”为主题，由“思、唱、学、诵、悟、敬、送”七个环节组成。具体内容包括：自我反思——作为教师，我美在哪？强调师德师风建设的重要；唱《公民道德歌》；学道德模范——聆听我校2014年“最美教师”赵艳笑、李春梅、甄娟华的故事；诵读一段经典；悟三位教师的教育心得；行尊德礼，向“德”鞠躬及送“吉祥礼物”。

学规范强师德　铸师魂育新人

——记我校举办以“好教育强国梦”为主题的教师师德建设专题讲座

为贯彻党的十八大精神和习近平总书记有关中国梦的重要讲话精神，进一步加强学校师德师风建设，激发教职工爱岗敬业、无私奉献的精神，4月24日，我校特邀请中共台山市委宣传部副部长赵清波同志举办以“好教育强国梦”为主题的教师师德建设专题讲座。讲座由陈锦庄副校长主持。

赵副部长在课上旁征博引，以身边的事例，用风趣幽默、形象生动的语言围绕“重教、改革、立德”进行讲座。他以深厚的理论知识、敏锐的洞察力、幽默的语言向教师们讲述了师德的重要性，同时勉励全体教师加强学习，不断提高个人修养，提高师德水平，成为有理想信念、有道德情操、有扎实学识、有仁爱之心的“四有”教师，做一个受学生、家长欢迎的好教师。课堂上，教师们认真听讲，积极思考，整节课气氛活跃，掌声不断。

最后，陈副校长在讲座上要求全校教职工统一思想，提高认识，继续发扬团结协作的优良传统，开拓创新，奋发向上，全面提升师德水平及教育质量。

“校长有约”乐畅谈　同心同德铸辉煌

——余耀洪校长举行“坚定文化自信，弘扬中华民族传统文化”专题讲座

为开辟沟通渠道，搭建沟通平台，拉近学校与学生的距离，掌握学生的心理动态，2017年11月28日晚上，由学校办公室主办、校团委协办的第一期“校长有约——面对面相面，心与心连心”活动正式登场。活动由余耀洪校长主持，以“我以学校为荣”为主题，余校长用平实亲切的语言为大家讲述了自己的求学经历以及工作的奋斗历程，给学生们以深刻的启发，并为学生今后的人生提出种种设想。活动气氛活跃，收效显著，令人回味。

2018年1月4日下午，盼望已久的第二期“校长有约”活动如期举行，活

动由余耀洪校长主持，并特意邀请广州大学教授、硕士导师、台山教育局副局长王孝锦同志出席活动。王孝锦副局长与初三级部分学生话人生、谈理想、展未来。

2019年6月4日下午，结合新时代文明实践活动，学校学生会干部和团员集中在学校余兆麒礼堂隆重举行第三期“校长有约”活动，由余耀洪校长为学生开设了一堂以“坚定文化自信，弘扬中华民族传统文化”为主题的特殊的思政课。

该思政课包括三项内容：阐述中国传统节日的名称和由来、了解中国传统节日的民间习俗和互动提问。余耀洪校长以习近平总书记关于文化自信的重要讲话切入主题，结合丰富的图文，有趣的历史资料，引经据典地介绍了中华文化的历史渊源，深入浅出地分析了文化自信的现实意义和我国大力发展文化建设的必要性，同时，结合学校实际，融入“余靖文化”，鼓励学生弘扬“武溪精神”，做顶天立地的“风采人”，并将优秀传统文化和时代精神、社会实践紧密结合，大力传承和创新中华优秀传统文化。

加强青春期健康教育　关爱青少年健康成长

5月15—17日，我校分别召开了初一级、初二级和初三级“女生青春期教育”专题讲座。

讲座分别由德育处主任黄惠娥、教导处副主任李叠玲和办公室主任黄现娥主持。

讲座中，授课教师采用多媒体教学手段，以亲切、风趣的语言，分别以“走过青春的困惑”“如何面对青春期的困惑”和“做阳光女孩活精彩人生”这三个主题深入浅出地讲解了青春期女生身体的变化，生理、心理上的特点，营养需求，生理期的运动、饮食、卫生保健，重点强调怎样与异性同学交往，引导学生正确应对生理、心理变化，理智看待和处理成长中出现的烦恼，鼓励女生自尊自爱、自信乐观，谨慎结交朋友，注意言谈举止，增强自我保护和安全防范意识，做一个健康美丽的阳光少女。

本次活动有利于引导女生正确对待青春期的身体和心理变化，减少她们的情感困惑，使她们认识到早恋的危害，促进她们身心健康发展，增强自我保护意识。

缅怀革命先烈 鼓舞斗志前行

——武溪中学组织开展清明节扫墓活动

为悼念革命烈士，教育学生继承先烈遗志，弘扬民族精神，忆苦思甜，珍惜现在，在我国传统祭奠日——清明节即将来临之际，武溪中学团委组织部分师生在爱国主义教育基地烈士陵园开展了“新时代文明实践活动——清明节扫墓”活动。

3月29日星期五上午8：00，师生徒步来到了爱国主义教育基地烈士纪念碑前。首先，党员代表和学生代表向烈士纪念碑敬献鲜花，以表哀思；接着，学生代表初一（1）班简夏蕾为烈士献悼词，使学生们了解了革命烈士热爱和平的精神和视死如归的浩然正气；最后，学校党支部书记余德亮同志对本次活动做总结发言，激励学生不忘革命先烈，立志勤奋读书、报效祖国，为社会的发展做出积极的贡献。

蓝天下，溪源一处欢呼雀跃

3月13日下午，天公作美，期待已久的“旱地龙舟”趣味活动在大操场举行，比赛分学生组和教师组。随着体育组科长梁荣贵一声令下，比赛正式开始。操场上不时回响起一阵阵的欢笑声和喝彩声。

经过紧张激烈的角逐，学生组分别由初一（4）班、初二（9）班、初三（1）班获得一等奖；教师组分别是初二级第一名，初三级第二名，初一级第三名。

奋力追梦共创新局　文明实践花开武溪

——记我校隆重举行开学第一课活动

新年的钟声已远去，伴随着熟悉的铃声，迎来了新学期。2019年2月18日早上，我校全体师生集中于小操场隆重举行台山市武溪中学2018—2019学年第二学期开学第一课活动，第一课授课教师是余耀洪校长。

开学第一课包括升国旗、拜孔子、幸运会、看表演、道诚信、讲安全和送吉祥七个环节，主要是为了传承经典、弘扬文化、提升师生文化修养和道德修养、积极探索建设新时代文明实践。整个过程庄严肃穆，恭敬有礼，在古典音乐声中，全体师生又一次接受国学经典的洗礼。

余耀洪校长还为教师、学生送上了新学期寄语，激励全校师生努力奋斗，以崭新的面貌更好地传承武溪精神，奋力追梦，开心圆梦。

最后，余校长代表学校为教师、学生送上“开学吉祥物”，开学第一课也在师生的欢声笑语中落下帷幕。

第五篇

轨迹缤纷，使学校拥有美好回忆

学校的生活既丰富多彩，又枯燥乏味；既平淡无奇，又富有挑战性；既清闲快活，又辛酸劳苦。我认为学校生活是一个矛盾体，这种特点在我们武溪中学这样的全封闭管理的学校中更为明显。教师每天在校的时间超过12个小时，比在家的时间更长，照顾学生的时间比照顾自己孩子的时间更多。正因为如此，学校的生活才让我们拥有了更多、更好、更美的回忆。

突破农村初中学校管理困局的策略探讨

素质教育早在1985年就被提出，时至今日已30多年，但国人素质如何？学校进行的素质教育如何？站在教育最基层、最前端的九年义务教育工作者感受很深。初中教学处于接小学、送高中的承上启下的地位，备受社会关注。这本是一件很值得庆幸的事情，但却吃力不讨好，特别是农村初中学校，在管理过程中出现了诸多困局。本文旨在从对学校管理面临的形势的认识上去分析这些困局，并结合自己的工作体会谈谈对破解这些困局的一些肤浅的看法，以达研讨促进的目的。

一、目前农村学校面临的困局

1. 办学经费不充足

由于地方财政原因，学校的经费处于紧张不足的状态，特别是在现在物价、人工费用飞涨的年头，学校发展受到掣肘。

2. 教师积极性不高

教师积极性不高主要原因有四个：一是教师的奖励补贴与周边市存在较大差距，如开平市有计生奖、七大节日补贴等，约比本市教师多出1.2万元；二是社会尊师重教的氛围不浓厚，家长、群众不尊重教师的事件时有发生；三是管理制度不完善，包括学校，更包括上级教育部门；四是本校的人文环境不能满足教师的需求。

3. 教师结构不合理

农村教师数量上已超聘，但在目前的体制下，学生考试的科目很多，有七门功课要考（九年义务教育制提出不准组织考试已多年，但现状是越考越厉害），故对教师的教学要求很高，但农村学校的课目任教都需要调科教学，即教语文的教师可能要上生物课，教数学的教师要上化学课，音乐课没有教师担任等情况，造成了教师结构严重不合理。

4. 生源质量来源欠缺

随着国家城镇化建设的发展，大量农村家庭向城区迁移，从而造成城区学校“饱死”、农村学校“饿死”的可悲现象。另外，本市内有一个大型民办优质初中，面向全市招收成绩优秀的学生，每年向市筛选优质生2 000人，留给农村初中的生源数量与质量可想而知，从而可以想象在农村初中教学是何等困难。

二、对应措施

对于这些困局，校长如果不想办法解决，等于坐以待毙。我校有如下做法。

1. 自修强内，提高教师素质

在学校教育中，教师承担着教书育人的责任，如果教师本身的素质不高，就无法承担培养高素质学生的重任；教师自己心理不健康，学生的心理健康就没有保障；教师素质不强，那学校管理就是一句空话。所以，教师素质决定着学校前进的步伐。在这方面，我校做了以下几项工作。一是将教师例会平台交还教师。学校每周五下午有一个固定时间为例会时间，主要是总结本周工作，指出缺点，提出整改意见，最后列出下周工作要点。此类会议一周复一周，一年复一年，教师已麻木，兴趣全无。面对这种情况，我校将会议改革成“3分钟分享会”：由教育教学成绩突出的教师说说教学过程得意的几分钟；“教学沙龙”：由某一教师提出一个问题，其他教师现场解释；“业务学习”：由教师领导或名教师有针对性地选择某一教学内容进行辅导；“教师素养”：主要针对本校教师存在的不足，由校长亲自上课或邀请外校先进教师或专业教师进行辅导，如我亲自开展“教师四种功夫”“文明从小节开始”“教师道德讲堂”等活动，请形象教师到校讲授教师形象与着装等。二是拓展学习渠道。“井底之蛙”永远成不了大事，校长在讲台上千百回讲解不及一次亲眼所见，因此，学校多次组织教师到珠海、山东、香港学习，也就近选择较好的学校学习。如学校分批组织了几十位教师到古劳中学学习，教师在学习后一致表态，要改革、要进步、要发展。三是坚定教改信心。教学改革是一所学校发展的推动力，校长及行政班子坚定教学改革的信心很有必要。如果墨守成规，教学工作不可能有任何进步。我认为教学改革既可以改变教师的思想，也可以改变农村教学落后的局面。我校从2011年提出“高效课堂”改革，到目前虽没有巨大成效，但也改变了大部分教师的思想认识。而且，通过教学改革可以推动教学管理，从而实现学校整体的管理效果的增强。

2. 以生为主，创造良好校风

校风是具有鲜明学校个性特征的道德风貌，对学生的思想品德、道德情操、行为习惯和身心素质的提高会产生直接又深远的影响。良好的校风是学校深化教育教学改革，实施素质教育，全面提高教育质量和办学效率的前提。农村初中学校虽说存在专业教师结构不合理的问题，但对于校风建设而言毫不落后，只是苦于没有合适的办法而已。我们探索出一条学生“三自管理”（自我教育、自我管理、自我服务）的路子，将学校管理功能交还给学生。第一，发挥团委会作用。在初中学校中，团委工作有着重要的地位，我认为首先要提升团委书记的地位与待遇，其次才是做好学生干部队伍的组建工作。实际情况如我所料，学校的两任团委书记都能超量地完成工作，团委书记的认真负责带来了学生的突出表现。团委创建了“义工队”“记者团”“广播站”“宿管部”等组织，这些组织的学生担任每天的班级卫生检查、纪律评比和统计工作。这种方式既锻炼了学生的能力，又促进了校风的改善。第二，组建德育先锋平台。德育先锋是我校的创新工作，由各班选出2名德育先锋，接受德育先锋指导教师的培训，然后回到班上进行授课，内容主要是以“武溪精神”为主，涵盖忠义、礼貌、仪表、感恩等。第三，丰富学生课余生活。全封闭管理的学校没有了课余生活，就没有了生气。对此，学校组织了“文化艺术节”，内容丰富，有歌咏、朗诵、摄影、征文、舞蹈、英语才艺、综合才艺、手工、绘画、设计等十多个项目，时间覆盖整个学期。另外，组织各类体育比赛、趣味性比赛，如三八妇女节举行二人三足比赛等。通过活动既可以培养学生的兴趣，又可以促进学生的个性发展，还可以减少学生间的矛盾。第四，评价班干部队伍建设。通过评价来促使班主任加强班干部队伍的建设，效果很好。强制性要求班主任放权给班干部，这对学生而言绝对是一件好事，对学校管理也是一种有益无害的做法。

3. 制度文化，促良好教风

教风，从广义上讲是指教师的职业道德，它包括教师的思想政治素质、心理素质、精神面貌和行为能力，归结为德、才、学、识、仪（貌）。良好的教风是兴校之本。在校风建设上，我们采取“学校文化”加“坚定制度”相结合的办法，具体做法如下：

一是以感情造就学校的家文化。首先是家庭理念。校长在管理理念上要把学校当作一个家庭来经营，同时，通过各种途径如教师例会、学校宣传等把这种理念传递给教师。此外，校长还要做到雪中送炭。每一个教师都会遇到困难，校长都要关注，并且尽量做到“三必访”：喜事必访、丧事必访、难事必访。其次是行为文化。从某种意义上来说，学校的行为文化就是校长的管理文化。校长将家庭文化融入学校管理当中，形成一种团队意识，那么，学校所产生的力量就不可估量。

二是以待遇调动教师的积极性。有时候教师的想法很简单，只要校长想尽办法注重提高教师的待遇，就会在很大程度上调动他们的工作积极性。其实，改善待遇的途径有很多，如例会的表扬。我们在教师例会上表扬教师，得到校长表扬的教师会红光满面、神采飞扬，这比金钱的奖励更有效。还可以利用电台、日报、校报等对学校进行宣传，让社会知道学校的存在，也让群众了解学校的办学成绩等，从而提升教师的社会地位。当然，经济待遇也是不可缺少的。我们除了绩效外，还争取华侨、校友的支持，筹集资金开设奖教奖学金，以调动教师的积极性。

三是以制度确立管理的核心地位。好的制度造就一所好的学校。首先，制定的规章制度必须符合国家法律、法规的有关规定，管理制度的设计要体现出对人的伦理关怀，还要遵循教育发展的规律。其次，管理制度要充分发扬民主精神，集思广益，真正使管理制度体现“从群众中来”的精神。再次，管理制度应该充满尊重人、关心人、爱护人的默默温情。学校的制度既要考虑到学校的利益，又要满足教师的要求，让教师在人文的制度中培养自律的习惯。最后要坚决维护学校制度的权威性和严肃性。对个别教师无视学校制度的情况，坚决按照制度办事，绝不允许因为个别人的无视造成制度形同虚设，让制度失去约束力。

4. 内外联动，架家校桥梁

家庭与学校都是教育孩子的重要阵地，两个阵地联合起来，效果就会事半功倍。作为全封闭的农村初中学校，家庭与学校的合作就显得更加重要。就我校而言，由于学生来自本市各镇，家庭距离学校较远，学生分布较散，加强传统项目——班主任家访有点勉为其难。那有什么好的办法？我们可以结合学校实际，充分利用现代信息技术。

一是利用网络资源，搭建家校网上互动平台。学校与电信公司合作，设有E校平台，要求每个班级设立班级交流平台，建立QQ家长群，由班级家委会和班主任共同管理，要求班级有条件的家长全部参与。二是利用电话资源，建立电话随访制度。学校要求班主任每月不少于一次与每一位家长联系，同时，组建家长电话随访领导小组。随访内容大至学校办学质量、学校管理、家校合作、教师职业道德，小至班主任家访次数、班级管理、班风建设等。每月每班随访人员不少于10人，收集到的意见交由办公室处理，由办公室组织人力对家长提出的意见做出解释和回复。三是化整为零，让家长进入课堂。这种做法主要是以班为单位，开展“亲子活动”“道德讲堂”“感恩活动”等。四是以活动为载体，请家长参与和监督。如何让家长了解学生在校的学习生活情况，了解学校开展的系列活动情况？学校在一些大型活动中，邀请一些家长参加，让家长了解孩子在校的动向与活动情况。

我校由原来不足1 000人到现在已近1 400人，由原来用交费补贴手段吸引学生发展到现在的择优录取，从一所默默无闻的学校发展为城区学生都踊跃就读的农村初中学校。这一过程中，困难是有的，办法也是有的，每个困局都有一把钥匙。目前而言，我校困局基本已解。

针对农村中学生不良行为习惯的案例分析与反思

前几日，一位初二的班主任向我反映一个学生厌学情绪严重，有辍学的念头。难以想象在义务教育普及的今天，国民受教育水平不断提高，但我几乎每个学期都能收到有学生想要辍学或者直接退学的消息。我深知这种念头一旦产生、蔓延开，对这个学生还有与他同班的学生都是一个恶性循环，所以我找到这个学生深入了解了一下他的情况。

让我惊讶的是，这个学生之前的学习成绩一直不错，只是近段时间有些下降。这个学生一看就是很乖也能够静下心来学习的学生。我尝试着帮助他重塑学习的信心，却发现事情并没有那么简单，他甚至跟我分析得头头是道。大概意思是学习好是以前的事情了，现在越来越难，他已经跟不上了，他的父母一直在外边打工，上过大学的人有的还没有父母工资高，现在出去能够积累经验，以后养活自己没有问题。

我不能说他的想法是错误的，但这绝对不是他最好的选择。当然让他从这种厌学甚至辍学的念头中走出来不是一蹴而就的事情。我简单跟他分析了一下现在的学情以及之后努力的方向，便让他回去了。而我坐在办公室里思考了很久。

其实学生有这样的想法并不是个别现象，当我们不断强调教育是立国之本、强国之基的时候，为什么在义务教育普及的今天还是不断有学生产生厌学甚至辍学的想法？我在网上查阅了一下，才知道这并不是我们这里的个别现象。“农村初中生辍学进城打工”已经成了农村教育中使用频率最高的一句话。反思这种现象，我觉得最重要的就是让每一个学生和家长明白上学到底学什么，学了知识到底有什么用。

农村某些初中生厌学情绪严重甚至会出现辍学现象，主要原因可以从以下几个方面探讨：

首先从大环境来说，虽然国家致力于发展农村教育，但农村教育资源短缺、师资力量薄弱、教学设施落后等问题依然是客观存在的。跟教育资源丰富的地区比，我们的学生只能接触教材中的知识（枯燥乏味且跟不上时代的变迁）。这些直接或间接地影响了学生学习的效果，当学生看不到成绩、努力看不到结果的时候，他们就会心态失衡，再加上社会上各种不良信息的影响，厌学、辍学的情绪便随之出现。

从学生自身来看，初中生的厌学情绪不会是突然间迸发出来的，我们可以从初中教育的承前启后这一点来考虑。小学阶段，学生接触的都是基础、常识性知识，大部分学生不会提前预习功课，课后也很少自觉复习，完全是靠教师的传授，这样也能七七八八地理解，基本上是用直观的具象化思维学习。但是到了初中，不仅学习的科目增多，对学生的思维、逻辑能力也提出了挑战。这个年龄段的学生毅力尚不足，遇到点难题就容易产生畏惧心理，再加上小学的时候学习思维模式仍然没有转变，问题一旦累积多了，学习成绩就提不上去了。就像有一次我遇到的学生，成绩一旦跟不上，无论谁说一句打工的好处，他们就会动摇。这种厌学情绪就算没有导致他们辍学，也会让他们消极学习，成绩会进一步下降，如此就形成了一个恶性循环。

还有学生面临的问题是基础没有打好。每个阶段都有每个阶段的目标，当前一个阶段的地基没有打好，后面的楼就算建起来也会东倒西歪。有的学生在小学阶段没有将基础知识完全掌握，到了初中阶段学业加重，课程骤然增加，学习方式转变，各种压力袭来，势必会造成学习成绩下降。成绩越是下降，就越不想学习，如此恶性循环下去，学生难免会产生厌学情绪。

此外，从情感角度考虑，进入初中阶段之后，学生的心理发展也进入了一个新的阶段。他们在认知情感方面存在各种矛盾与困惑。学生情感变得愈发丰富，独立意识开始增强，他们的自控能力却没有随之提升。很多初中生自我管理和约束能力很差，经常与同学、老师甚至家人发生矛盾，有的就会将精力放在网络上面，沉迷于网络上的各种游戏、小说，从而导致学业荒废。学习成绩下降了，厌学情绪自然就产生了，这又是一个恶性循环。

另外一个原因就是家庭影响。现在的农村学生很多都是留守儿童，父母不在身边，监管他们的责任就放在了爷爷、奶奶、姥姥、姥爷身上。老一辈人的监管能力有限，他们已经没有精力给孩子辅导功课，干脆听之任之，无法对学生进行有效的引导。农村很多家庭的教育理念是跟不上时代发展的，就像一位学生说的，家长认为学习就是为了“识几个字”，不如出去打工挣钱。这样的观念对于孩子的影响极其恶劣。父母是孩子的第一任老师，家庭环境可以塑造孩子的性格，这种对待教育、读书的态度，怎么能够帮助学生树立正确的学习观呢？

还有一个重要的原因，就是受到现在社会上一些“读书无用论”的影响，上自家长，下到学生，很多人都认为上大学没有用，还不如早早出去闯一闯，甚至有不少人抱着努力几年以后让大学生为自己打工的想法。

可是读书真的无用吗？那样的时代其实是不存在的，不管过去还是现在，“读书无用论”都是很荒谬且可笑的言论。

以前由于各种条件的限制，每个人获取的信息不一样，人们只要脑子灵活一点，完全可以利用这种信息不对等的情况谋生。也就是说，以前我们依靠的基本上就是经验，经验丰富了，营生的手段也就多了。反观现在，我们称为信息爆炸时代，人们获取信息的方式变得多种多样，整个社会也不再是封闭的，不只是人口在流动，经济、技术、知识也都在流动。当获取的信息越来越多，可大脑中并没有知识帮助人们去处理这些信息的时候，无论多么有价值的信息最后都会变成一团垃圾。经验固然重要，可是在这个年代，我们更需要的是将这种经验建构成一个全新的能力体系，而这种能力体系是在学习中不断完善的。

学生辍学走上社会，唯一的出路就是出卖自身的劳动力。他们面临的不单是辛苦工作，还有就是再没有像学校里那样系统的时间去拓宽自己的知识层面了，他们所拥有的也只是固定成型的那些能力，这绝不可能适应瞬息万变的时代。

综上所述，我们可以看出学生厌学情绪产生的原因有很多方面，改变这种情况需要各方通力合作。

首先，针对有厌学情绪的学生，最重要的是帮助他重新找回信心，并帮助他树立正确的目标。这种目标不单是长远的人生目标，更要有脚踏实地、能够看到结果的短期目标，两者结合才能帮助学生树立自信心。

其次，要给学生提供一个理想的环境。这种环境并不单纯指学校的学习环境，还有家庭氛围。家校合作已经成为现代教育的一种趋势。

从家庭角度考虑，要引导家长改变其教育方式及态度。言传身教的力量很大，家长的几句话很有可能影响孩子的一生。我们可以通过召开家长会、家访等形式，宣传教育理念，帮助家长了解初中生的心理特点，让他们意识到这个年龄段的孩子虽然独立意识不断增强，但心理方面并不成熟，容易受到各种因素的影响。学校要将赏识教育和养成教育贯彻到具体的教学当中。厌学情绪产生的主要原因就是学习的自信心受挫，这个时候教师如果能够正确发挥赏识教育的作用，在平时的课堂上发挥学生的自主能动性，就能够达到事半功倍的效果。

最后一点，我以为最直接、最有效的方法就是为农村的学生争取到更多的教育资源。很多学生受到“读书无用论”的影响，眼中的世界就是父母所知道的世界，就是他们已知的教材上的世界。我们所能做的就是利用更丰富的教学资源帮助他们去认识未知的世界，让他们获得开发未知世界的能力。

覃彪喜曾在《读大学，究竟读什么》中这样写道：“编织一张只有一个网眼的渔网，或许也能捞到鱼，但这靠的纯粹是运气。要想每次都捕到鱼，那就必须编织一张足够大的网，尽管每次网到鱼的不过是其中一个网眼罢了。”

初中生正处在用一堆堆密密麻麻的线编织那张渔网的阶段，现在这张渔网只是初成形，有的甚至未成形，如果拿去捕鱼，收获又能有几何？

从事教育工作多年，我为学生很多的不良行为习惯感到困扰甚至头疼，其中由厌学到辍学这种行为是最让我痛心且惋惜的。看到那些出去打工的学生，我都会感到惋惜，其实他们可以拥有另一种精彩的人生。

衷心希望我的学生能知道生命不只有长度，还有宽度。当你用心去学习、去读书时，你就会发现生命的宽度更加精彩。

我的校长观之行政管理比教学业务更重要

行政管理是学校的行政事务和办公事务的统称，包括相关制度的制定和执行、日常办公事务管理、办公物品管理、文书资料管理、会议管理、涉外事务管理，还涉及与出差、财产设备、生活福利、车辆、安全卫生等相关的工作。其最终目标是通过各种规章制度和人为努力使各部门之间形成密切配合的关系，使学校在运作过程中成为一个高速并且稳定运转的整体；用合理的成本换来教师最高的工作积极性，提高工作效率，完成学校任务。

教学业务是指学校中与教师的教和学生的学相关的一切活动，包括教师课堂评价、教师业务培训、集体备课、教师作业批改、教学成绩统计与评价、学生学业评价、教学比赛、教师职称评定等。其最终目的是有目的、有计划、有组织地引导学生学习，使学生掌握文化科学知识和技能，促进学生素质提高，使他们成为社会所需要的人。

行政管理与教学业务孰重孰轻？作为校长，其能力应该体现在哪些方面？不少专家均认为校长必须高标准、高水平地掌握教学业务，特别是校长的课堂教学能力必须突出，校长必须成为学校教学的能手、佼佼者。我却反其道而行之，起码在我的经历之中体现出行政管理比教学业务更重要。

2019年3月份，我带领工作室成员到广州中学学习，其中有个环节就是到广州天荣中学听课学习。天荣中学许昕校长有个观点让人汗颜，也让人愤愤不平，他说："上不好课的校长，当不好校长。"我汗颜啊，我的确不会上初中的课，也上不好初中的课，因为我一直从事小学的数学教学工作，然后走上管理岗位，直至现在。我担任初中学校校长职务也近11年了，为什么我没有参与初中的课堂教学呢？一来学校的事务的确很多，而且负责筹集资金的事情足以让我花费巨大的时间与精力。二来上不好课误人子弟，也起不到带头作用。因此我一直选择不上课。但同时，我也愤愤不平，我虽没有上课，但也不代表我管理不好学校，起码武溪中学就从我的手中变成了“台山名校”，我也变成了“台山名校长”。从我的身上足以证明“上不好课的校长，当不好校长”是一个假命题。

其实，在我心中，学校管理比教学业务更重要。

一、调动教师的积极性比教学示范效果更佳

我是一位从最基层的教师一步一个脚印走出来的领导，当我从台山师范毕业后，初出茅庐，虽有初生牛犊不怕虎之势，却也是一位认真学习、低调做事、不敢轻言的腼腆小伙子。毕业时我被分配到白沙广育小学，校长是岑钦荣，他不用上课，但他却有着过人的魅力，带领教师团结工作，成绩斐然，教师也是佩服他的。他影响了我。

我1998年开始担任牛角龙小学校长这一职务。刚刚担任校长时，许多东西不懂，也害怕，不仅害怕学生，更害怕教师。因为自己没有当校长的底气，毕竟是第一年担任校长。

2006年9月我担任台山市萃英中学校长，还未到任，我就深入了解了教师们的思想状况，包括对学校的意见建议、教学需求、生活要求等。我将这些问题与困难罗列成册，其中较为集中的有四个方面：①校长的承诺没有兑现，欠教师奖金近4万元；②部分教师经常不作为，更有甚者到侨联酒店喝茶到9点才回校，伤了积极教师的心；③改善教师的早餐与午餐；④提高教师待遇。

我就任后的第一次讲话就围绕“欠教师奖金问题、改善教师早餐与午餐、提高教师经济待遇”这三方面做出承诺：①利用1年时间全面解决拖欠教师奖金的问题，并重新拟订奖励办法，若不能解决，我回家向老婆借钱解决；②必须改善教师用餐问题，吃不好我向教师道歉；③必须提高教师待遇，最起码比上一学期高，哪怕是高100元。当时，教师们的激动可想而知，当我说到解决欠教师奖金的问题时，全校教师都拍起了手。万事开头难，有了我的第一次激情调动，才有了一年后萃英中学辉煌的教学成绩。2007年中考，萃英中学考入台山一中的学生有14人，成为萃英中学历史之最，被写入了萃英史册，并且受到镇委书记李焕民同志的高度表扬。另外，我也得到了甄景才局长的认可。2007年12月5日我被调往北陡中心小学任校长（相当于教办主任），管理全镇的中小学。

2010年5月12日，我回归白沙镇，担任台山市武溪中学校长。到任武溪中

学后，我发现有个特别的情况，就是武溪中学的年轻教师特别多，平均年龄不到33岁。我采取了在萃英中学的一些做法，先了解教师的思想状况，掌握教师的实际需求，然后在第二周教师工作例会上做出承诺：①改善教师的办公条件，如在办公室安装洗手盆，加装空调；②改善教师就餐环境与提升就餐质量，如在饭堂安装空调，提升饭餐标准，降低收费，等等。教师对饭堂意见最大，当时学校大约有60位教师，但在饭堂吃饭的只有10位。当我做出以上承诺后，教师也自觉地鼓起掌来。

当然，我还有其他的激励办法，如展示法，将教师的才能通过召开例会、橱窗张贴等办法展示出来；又如表扬法，利用教师例会，表扬各方面工作突出的教师，每周必表扬3位；再如感情投放法，学校做到“三必访”，即难事必访、丧事必访、喜事必访，对教师投入一份感情，就会得到教师的一份热情。

总之，我认为，即使校长的课上得再好，也不如调动教师的激情，让教师时刻保持工作热情，让教师对学校有归属感。

二、调节资金的有效性比教学成绩带动更有劲头

农村学校最苦恼的应该就是学校经费问题，每所学校每个学期基本上都是赤字运作。我校已有1 400人，财务运作上算是比较容易的了，但就算这样，我们每年都有几十万元的赤字，每年的计生奖金就够校长头痛了。那么怎么办呢？既要保障学校基本运作，又要保障教师培训，促进其业务水平提升，还要应对学校维修与设备的更新问题，更要时刻保障安全经费充足。除此之外，校长不仅要面对教师的奖励难题，而且要完成相关任务，还要高质量地完成。

由此看来，校长的上课成绩带动不是比校长的金钱奖励更有力吗？答案是否定的，校长必须千方百计，努力筹钱，设置更多的奖励项目，以激励教师的工作热情，调动教师的工作积极性。

有个很好的例子：武溪中学董事会每年向学校支付19万元用于奖励教师，按职务按月发放给教师。标准：校长110元，主任100元，助理级长95元，班主任90元，教师85元。奖金从1994年开始设立，这在当时可是一笔非常可观的资金，因为当时教师的工资只有200多元，而董事会的奖励足有工资的一半。随着时间的推移，教师的经济待遇不断提升，到2014年，教师的工资水平

达到人均5 000元，那么，每月奖励几十元就显得苍白无力。另外，级别差距极小，班主任的工作量比科任教师要多几倍，但每月相差只有5元，每年相差60元，对于工作量大的同事来说，毫无激励作用。因此，我审时度势，向董事会提出修改奖励办法，不按职务、不按月、不按标准发放，而改为按工作量和工作成效发放，并拟订《台山市武溪中学奖励细则》，以分值计算年度教师得分，以得分计算教师所得奖金。班主任与科任教师的工资差距由原来的60元扩大到600元，足足有10倍，充分体现了教师的工作量与工作成效的差距。几年的实践证明，教师的工作积极性被调节到最大，武溪中学的成绩达到历史巅峰。

所以，学校的财务运作有效性比校长本人的教学成绩带动更有力。

三、调整制度的人性化比教学业务精通更强

制度一般指要求大家共同遵守的办事规程或行动准则，也指在一定历史条件下形成的法令、礼俗等规范。也就是说制度就是规则，制度就是约束。俗话说“一套好制度成就一所好学校”。如何才能有好制度呢？怎样才算是好制度呢？

每所学校都有自己的制度，相信在制度建设之初，所有学校的建设者都认为自己的制度是一套好制度，没有谁会认为自己所实施的制度是一套坏制度。若认为是坏制度，肯定不会实施，肯定是自己认可了，行政部门认可了，教师认可了才实施的。也就是说，制度本身没有好坏之分，只是看谁来建设，谁来执行，如何执行而已。因此，一套好制度的关键在于建设与执行，在于如何建设，如何执行。

如何建设？作为校长，在建设的时候必须将教师的需求考虑进去，否则，制度将遭到教师的抵制。2011年，我到武溪中学的第二年，发现学校的制度不适应形势，更不能调动大部分教师的积极性，因此，我提出修改制度的计划。在修改之前，我先做第一步，让全体教师评价校长，同时做出郑重承诺，如果达不到80%的满意度，我将辞去校长职务。当时，自己虽有信心，但也担心，若真的达不到怎么办？结果还是令人满意的，所有教师投了满意票，满意率达100%。第二步，教师讨论。将自己拟好的制度放到级组讨论。为什么一定要让教师讨论制度呢？讨论是一个完善的过程，“三个臭皮匠顶个诸葛亮”，讨论可以充分发挥教师的集体智慧。讨论也是一个消除误会的过程，一

个制度不可能让每一位教师都满意，那么如何让其不满意而又同意制度的实施呢？就是让其有个发表意见的机会，制度讨论就是一个非常好的机会，若校长能俯下身子与教师交流沟通，教师分分钟就可以由不满意制度到接受制度甚至大力支持制度。

如何实施？制度是冰冷的，是无情的，但执行者是活的，是感情丰富的。在学校制度的执行过程中，如果忽略情感只谈制度，用冰冷无情的态度执行制度，那么学校工作注定失败，校长注定失败。因此，我认为，在制度的执行上，我们不能总是抱着死的东西用冰冷无情的尺度去衡量教师的制度执行情况。相反，校长时刻考虑教师的情感，会让整个校园充满人情味。例如，武溪中学的考勤制度规定，早上回办公室的时间为8：20，当发现有教师8：30回来时，我一般的处理办法是，拟一条信息："某某老师，您好，今天早上身体有不适吗？"教师很快就会回复我："校长，非常抱歉，今天早上在宿舍有点特殊情况，下次不会迟到了，谢谢。"校长将批评化作一声关心，既让制度执行效果好，又增强了校长的威信，更增强了教师对学校的归属感。

可见，校长的课堂教学业务多么精通都不及校长的人情味。

2019年3月28日

我的校长观之建中层威信

学校是非常讲团队精神的单位，特别是领导团队。领导团队的战斗力决定着学校能否发展速度。在这个领导团队当中，校长的作用之大无可置疑，但是中层干部的作用也不能忽视。那么，中层干部的作用如何发挥呢？在我看来，他们的威信很重要，他们必须有个人威信，才能发挥出中层干部应有的能力与水平。

欲提高中层干部的威信，我认为应从两方面出发：一是校长层面，二是自身层面。

一、校长层面

1. 权力下放

一所学校就是一个小的社会，大大小小的事情一堆。一个校长要想花较少的精力“经营”出一所好的学校，就要善于把手中的权力分给副校长、主任、级长。该谁做的工作就放心让他干，不要怀疑，更不要越俎代庖。如果校长把副校长的工作都干了，把主任、副主任的工作干了，那副校长干什么？主任干什么？他们不仅没有工作可干，更没有工作激情，更可怕的是他们可能成为校长实施政策、管理学校的阻力。

在武溪中学，我们的管理办法是层线结合，纵横共融。我站在最高点，一般情况下，主任、副主任负责的工作我不会过问，我主要是用“教师评价”“级任务”来对各个领导进行考核、奖励。

2. 权力收调

当校长将权力下放之后，要注意两个问题：一个是“收”，一个是“调”。“收”就是权力下放的时候不要过度，该放的要放，该收的要收，如学校的财权与人权。广东省第二教育学院（现广东第二师范学院）院长肖建彬说过："学校里一定要有人控制财权与人权。"校长哪里有人权呢？有的，大到中层领导安排，小到班主任工作安排，甚至课时安排，都属于人权。如果校长把这个权力下放给副校长或者主任，不闻不问，久而久之，校长的威信会越来越少。所以，我们要注意放权的度，这个度一定要把握好。例如，对班主任的工作安排事项，我不会交给副校长，而是亲自把关，至于课时安排，我就不过问了。

"调"，注意中层干部之间的协调与平衡。中层干部之间因知识、能力、气质和分管工作等的不同，难免会产生思维、行为方式上的差异和分歧。所以，校长在指挥时应尽量将校长的权力下放给中层领导，同时注意做好协调与平衡工作，发挥管理团队的最大作用。

二、中层干部自身方面

1. 充满自信

人的自信是极其重要的心理品质。只有当我们具备了足够的自信，才有底气和勇气开展工作。中层干部能走上管理岗位，肯定有着过人之处，所以，必须坚信自己是独一无二的。有了自信，就有了积极的心态，就不愁掌握不了必要的方法和具有执行力了，常言说的"态度决定一切"就是这个道理。人的智能结构是有差异的，"尺有所短，寸有所长"，有的人适合从事技术性工作，有的人适合从事管理工作。正确看待这种差异，就能发挥自己的优势，古今中外成就事业的人概莫能外。

2. 示范引领

俗话说，"村看村，户看户，群众看干部"。每位中层干部都有自己的管理领域，因为，中层干部的言行举止就是一把标尺，会产生导向和示范作用。所以，中层干部必须严格要求自己，身先士卒做出表率，认真履行工作职责，严格遵守规章制度，树立主流价值观，引导正确的舆论导向，否则是无法带领年级教师正常开展工作的。另外，中层干部还要有一定的奉献精神，能吃苦耐劳，要有过硬的业务能力，更要有过硬的作风，"打铁还要自身硬"讲的就是这个道理。

3. 开朗豁达

中层干部有开阔的胸襟是其心理健康的重要标志，也是领导者应有的基本素质。斤斤计较不仅有损自我形象，破坏情绪和健康，还容易伤害同事感情，影响团队合作；斤斤计较还会让人越干越累，钻入死胡同。要想做到开朗豁达，首先要树立良好的工作心态，把顺利开展工作、同事支持信任、团队友好合作视为巨大的精神享受，而且从心底里认识到这种享受是金钱无法给予的。其次要有“吃亏是福”的气度，要有能吃亏、敢于吃亏的风度。其实任何事物都遵循守恒的法则，“有得必有失，有失必有得”“有付出就会有收获”，往往能吃亏的人最终占的是大便宜。作为工作在深圳的教师，尽管不属于富裕阶层，但温饱早已不是问题。追求精神的满足才是生活的质量和做人的品格，不斤斤计较，就是提升了生活的品质。

4. 依规办事

没有规矩不成方圆，任何团队都离不开必要的制度，只有建立制度，依规行事才能在机制和制度下发展。年级组长的工作是繁杂的，事必躬亲，事无巨细，工作会越来越累。依规行事就意味着分工明确、责任到人、照章办事、奖罚分明，工作靠制度和机制推动。依规行事，有时难免要做黑脸的包公，要敢于碰硬，敢于批评，与其做一个郁闷的“和事佬”，还不如痛痛快快做一次包黑子。依规行事、敢于碰硬和讲究工作艺术是不矛盾的，工作中充满着辩证法，必要的时候快刀斩乱麻，工作才能占据主动；否则处处被动，会陷入“下雨担稻草——越担越重”的尴尬境地。

5. 讲究艺术

管理不是简简单单地管住，更不是管制。学校许多制度都是人性化的，我们管理的目标应该是在管住的同时管好，理顺协调各方面关系，使系统功能实现最大化。要达成管理的目标，一味埋头苦干是不行的，还要讲究工作的方法。在这个过程当中，我们必须以人为本，处理好与同事的关系，让教师对中层干部有敬佩之心，对学校有归属感。

2019年4月22日

我的校长观之赢在改革与创新

校长的改革创新能力是一所学校发展的必备条件。学校在发展的过程必定会有一些东西不适应时代的发展，这时就需要校长的改革能力，破除这些旧的东西，创立新的东西出来，去适应时代的发展，让学校保持活力与激情。否则，学校就会逆水行舟，不进则退，毫无活力。

所谓“改革创新”，指的就是改掉旧的、不合理的部分，使其更合理、更完善，并开创新的事物。而所谓“赢”，简单理解就是胜利；详细释义就是，“赢”由五个汉字组成（亡、口、月、贝、凡），包含着赢家必备的五种意识或能力。①亡：危机意识，必须随时了解和掌握环境的变化，熟知生于忧患而死于安乐的道理；②口：沟通能力，善于在任何场合宣传自己的形象、宗旨、目标和决心，成功沟通是双向的，既要有好的表达能力，又要有良好的倾听能力；③月：时间观念，成大事者需要时间的检验和阅历的沉淀，绝不能昙花一现；④贝：取财有道，财富是物质的基础，但不义之财分文不取；⑤凡：平常的心态，从最坏处着想，向最好处努力，要争取目标成功，虽然结果不一定如意，但气度要大、眼界要宽、心态要好、方法要多。

对于武溪中学而言，我们改变了什么？有什么创新的东西呢？我觉得学校在改革创新方面的表现主要有以下几大方面。

一、德育创新

在德育创新方面，学校花费了最大力气，也取得了最好的效果。武溪中学提出“以礼仪教育为主线，以丰富学生生活和班级文化建设为两翼，推进学生‘自我管理、自我教育、自我服务’”的德育模式，主要做法是“突出一个中心，重视两支队伍，搭建三个平台，建设四块阵地”。其中“三个平台”当中有个非常有创意的举措，就是“德育先锋”，即由指导教师负责编辑教案，并指导“德育先锋”学生，由学生将教案带到班级进行上课，由学生教育学生，每周一次，每位学生都要写体会，并选出优秀体会张贴于“德育先锋”栏。另外一个就是我们的饭堂管理，也是全市最为先进的创新，我们提出“划区分班定位”的策略，效果非常明显，凡到学校参观的嘉宾对饭堂的管理都赞赏有加，此举也使学校的饭堂获得“江门市餐饮管理A级单位”的称号。此外，针对宿舍管理提出“教官+宿管+班主任”的“三位一体”管理办法；针对班级文化提出“固定+自主”的办法；还成立了安全文明小组，由各班学生组成，及时反馈学生的不文明行为，实施校内24小时无空隙监控管理。

二、制度创新

每所学校的制度建设都是非常重要的，好的制度会令人如沐春风，愉快接受工作，提高工作效率。从2010年开始，学校不断检讨制度、修改制度、创新制度。例如“考勤制度”，我们就不断修改，不搞一刀切，把管理的人性化考虑进去，把管理的主动权考虑进去。其中管理权问题，半天管理权下放到级长手中，主要考虑级长权力问题以及解决教师接送孩子读书问题；一天审批权下放到副校长手中。经过几年的改进，“考勤制度”越来越好。又如“前五后五”课堂管理制度，为了防止课间十分钟出现管理空当而导致学生发生安全事故，也为了保障课堂的教学时间，故实施“前五后五”制度。“前五”就是课间前五分钟由上一节课的教师负责管理，“后五”就是课间后五分钟由下一节课的教师负责管理。制度实施后，课间的安全事故减少了，课堂效率也因此提高了。除此之外，我们还有“弹性坐班”“教师评价细则”“教学奖励制度”“饭堂管理制度”“宿舍管理制度”“师生应急小组”“校园人车分流办法”等制度。

三、教学创新

教学是学校的中心工作，教学成绩是体现学校德育成效的重要途径之一。若无教学成绩的支撑，谈学校的优秀就是一句空话。所以，我在武溪中学对于教学工作，也非常认真地去抓。

我在教学上提出“走位分层”教学的方法，即不同科目不同位置，不同阶段不同位置，不同周期不同位置。它指的是“目标分层、教学分层、作业分层、评价分层、测试分层”等。利用学生的不同层次进行不同目的的教学，利用学生分组来提高课堂教学效率。实施2年后，在原来的基础上，我提出“互联网+走位分层”实验教学项目。我在每一个年级选取一个班进行实验，学生自愿买电子书包。结果在我的积极推动下，教育局主动帮助我，在今年特派一位专家到学校来帮助我们搞信息化实验教学工作。对未来，我有着足够的信心。所以，我也有个体会，不要担心上级领导不支持你，主要是看你有没有认真用心去工作，主要看有没有用心按照上级的要求进行工作，若你既按照他们的要求工作，又认真工作，那么领导肯定会支持的。

功夫不负有心人，我们的教学成绩一直保持着上升势头，保持优秀等次，得到了台山市教育局、家长、社会的认可好评。学校2016年、2017年、2018年连续三年获江门市“初中阶段协同教育先进单位”一等奖，是台山市唯一一所连续三年获一等奖的学校。

四、活力创新

所谓活力，我认为就是将学校看作家庭来经营，把教师当作家长来看待，想方设法激发教师的教学兴趣，激发教师对学校的归属感，激发教师的内心活力。如果做到这些，学校就一定会充满活力与朝气。

1. 树立榜样

榜样的力量是无穷的，因此，我绞尽脑汁想出各种办法去树立优秀教师的先进模范形象。回想起来，大约有以下几种：一是例会表扬。利用教师例会的时间表扬工作突出、有敬业精神、成绩优秀的教师。二是橱窗展示。把教师获奖的相片展示出来，以激励教师努力工作，同时让其他教师监督他，一石二鸟。三是经验展示。学校搭建一个平台，让教师把他最为优秀的一面展示出来，如举办班主任经验交流会、分层教学分享会、教育故事等。四是荣誉加身。把优秀教师推荐出去，让他们获得更高层次的荣誉。

2. 趣味活动

学校定期举行趣味活动，让全体教师参与。我的看法是，教师积极参与趣味活动，会在趣味活动中化解与学校之间的矛盾，也可以解开级组同事间的误会，更能激发年轻心态。事实证明，通过趣味活动，学校的活力越来越足。

3. 生日礼物

教师其实是非常简单的，你对他好，他就会对你好。因此，我对教师的生日是非常看重的。2010年，我刚到武溪中学的时候，第一次实施“生日礼物”制度，是叫作“四个一”的活动：一朵鲜花、一份礼品、一张贺卡、一声祝福。当第一位教师接到生日礼物时（是一位男老师，叫陈鹏谋），他在级组大声叫了起来，不敢相信自己的眼睛，校长会送自己生日礼物。然后他用礼金买了些食品送给全级组的教师品尝。

想要成功，必定要改革，必定要创新。这就是我的经验。

2019年4月23日

如何打造一支战斗力强的优秀团队

从7月28日到今天，我心里一直恐慌着，虽然有的演讲专家建议说："当你站在讲台上的时候，将台下的观众当作一群幼稚的小学生。"我以为我可以做到，但现在我知道自己错了，一看见李局长那双像刀子一样的眼睛，我就怕；一想到台下的领导、校长都比余耀洪聪明，我心里更怕。

"学生是老虎，老师是神仙，校长是条狗。"这句话是清华大学前校长、原中华人民共和国环境保护部部长陈吉宁同志说的，大家都知道他在自嘲，其实我认为这恰恰是他对自身职责的清醒认知和准确定位。

校长，没有高高在上的权力；校长，没有不可一世的能耐；校长，只是学校一个普普通通的角色。陈吉宁同志的"校长是条狗"的说法，显然让我们转化了一种视角——校长只是学校里普普通通的一员，学生是衣食父母，教师教学质量高，学生成绩好，才能提升学校品牌，校长才能显出自己的价值。

一、打造学校优秀团队

那怎么才能办好一所学校？单靠校长是不行的，必须依靠学校的团队，那么如何打造一支优秀的团队呢？

世界上公认，中国共产党在政治教育工作上的成效是其他政党无法比的，也是我党成功的秘诀。所以，团队的思想就显得很重要，直接关乎学校发展的成败。

苏联教育家苏霍姆林斯基认为，校长领导学校，首先是教育思想的领导，其次才是行政上的领导。

所以校长在团队的思想教育上必定要下大功夫，成为团队思想的引领者。

怎样引领？三个字："正""高""传"。

1. 正

习近平总书记说："中国的未来是一群正知、正念、正能量的人的天下。"他认为中国未来的危机不是金融的危机，而是道德的危机。

一个国家都在担心道德缺失的问题，都在担心信仰的问题，我们一所小小的学校就更应该考虑道德与信仰的问题。首要考虑这个问题的人就是校长。

（1）信仰

我认为教育工作者的信仰就是忠诚，是对教育的忠诚，对教育局的忠诚，对学校的忠诚，对事业的忠诚。做到了，那么我们的信仰就是正确的。

（2）正派

校长要做到思想正派，道德高尚，千万不要在学校搞什么小阴谋。记住，群众的眼睛是雪亮的。你搞小阴谋必定会被教师识破，必定会毁坏你校长的形象。

（3）乐观

校长还要有乐观精神，你的乐观精神会感染教师，不要整天愁眉苦脸的。有的学校缺钱，我也缺，但我从1998年开始做校长，无论在100人的学校，还是在1 000多人的学校，我从不在教师例会上哭穷。你一哭穷教师就会看不起你，但我在李局长面前哭穷，让局长支持我，然后回去告诉教师，让他们知道，他们校长还是蛮拼的。

（4）敬业

校长还要有敬业精神。你对事业的态度如何，很大程度会表现在工作行为上。不仅如此，你的敬业精神还会给教师造成正面影响，让教师慢慢养成敬业精神。

2. 高

"高"就是校长的知识丰富程度，以及思想高度。校长的思想高度决定了学校的发展速度与高度。想要知识丰富一点，不难，多读书、勤思考、善研究、听人言。

当知识层面丰富了，还要有政治层面的高度。所谓政治层面的高度就是能与国家的教育政策、教育方向保持一致，与教育局的教育理念、教育改革、教育要求保持一致。

3. 传

"传"就是将自己的思想变成教师的思想的过程。世界上两样东西最难：将别人口袋里的钱放进自己的口袋里；将自己脑袋里的思想灌输到别人的脑袋里。现在，校长就要做世界上最难的工作的其中一样，将自己的思想放进教师的脑袋当中。怎么放？

硬塞：好像用锤子钉钉子一样，把校长的思想以及想法直接告诉教师或者用行政命令要求教师执行。

巧传：通过各种各样的途径巧妙地将校长的思想灌输到教师的脑袋当中，从而使其变成教师自觉的行为。

偷龙转凤：我们在传达文件精神的时候，善于进行文件分析、总结、筛选，把重点整理出来，并变成自己的思想。例如，李局长提出来的让每所学校都智慧，让每位老师都幸福，让每位学生都快乐。你怎么传达？你会每个例会都说吗？甚至把李局长的话挂在办公室里、写在桌面上、做成横幅拉在教学楼上吗？这样，只会让教师反感，不会增加教师的认同感。那么怎么办？让每所学校都智慧！我们来搞一个“智慧课室”实验，既传达了局里的精神，又体现了我们学校的高大上。

移花接木：想办法将别人的成功经验移植到自己的学校。2011年的时候，我们学校准备大搞班级文化建设，但遇到一些领导以及大部分班主任的反对。工作多了，他们反对是正常的。在阻力下，我没有硬来，而是通过江门市教育局关文杰同志联系江门市里班级文化做得比较好的学校——鹤山市古劳中学，我把学校所有行政领导、课组长、班主任都拉到古劳中学学习，所有人员都写学习体会。一半以上的人都说古劳中学的班级文化建设得好。你看，水到渠成！我们的班级文化开展不再有压力，而且开展得还比较好。

草船借箭：借用别人的力量为自己服务。例如，请一些专家来学校举行讲座，让教师说出自己的想法。我们请赵清波副部长来学校讲课，讲课前，他就问我：“余校长，什么课题好呢？”我说：“赵部长啊，我希望你说说现在教师状况与公务员的对比，来提高教师的幸福感！”他回答：“行啊。”最后，他就说了“当前新形势下的教师如何发展”，还在会上不断地表扬武溪的办学，表扬我余耀洪。

沟通交流：多与教师交流。校长要经常走到教师中间，了解教师的情况，尤其是教师的认识和思想。从中了解教师觉得学校管理中存在哪些优点和不足，对管理中有什么满意的地方，有什么不满意地方，希望如何改进等一系列问题。在与教师的交流过程中，校长既传递了自己的思想，也了解到教师的思想动态，有利于学校教育思想的整合与提升。我们可以通过面谈、书信、邮件、微信等方式进行思想交流。我个人比较喜欢面谈的方式，直接、有效。记得有一次凌晨1点多，我与两个年轻教师在学校大操场边走边聊直到凌晨3点，甚是欢喜，现在回想起来觉得蛮疯狂的。思想上的交流让彼此都获益匪浅，年轻人对工作的热情、冲劲感染了我，而我的教育观、人生观、价值观启发了他们。

方法太多了，只要有效就是好方法。邓小平同志说过："无论黑猫白猫，捉到老鼠就是好猫。"所以，只要能将你的思想放进教师的脑袋当中，那你就是一个好校长。

二、做一位好校长

1. 做团队的指挥员

管理学界有一个著名的管理寓言：一头狮子带领的一群羊能够打败一头羊领导的一群狮子。从中可看出，队伍的指挥员是非常重要的。校长就是团队的指挥员。

谈到这个问题，我想到了一个团队——《西游记》中的"唐僧团队"。阿里巴巴的总裁马云就非常欣赏这个团队，马云说过"唐僧团队"是"世上最好的团队"。

"唐僧团队"的优势主要有：①目标明确（团队主管唐僧从头到尾就是一个目标——去西天取经，无论是在面对金钱、美女、权利的诱惑时，还是在面对妖怪要吃自己的生命威胁时，他的目标从未动摇过，信念也从未动摇过）。②上级支持（在凡间有唐王的大力支持，一路的通关文牒、经费等已经不成问题；在天庭这个机关里更是想请哪位神仙便能请到哪位神仙，就连"主管"观音菩萨也是随请随到，必要时，连"董事长"如来也要亲自出马）。③人才济济（唐僧自己精通佛学，团队既有孙悟空这样曾经大闹天宫的"齐天大圣"，也有猪八戒这样曾掌管天上水军的天蓬元帅，又有在天庭当过卷帘大将的沙僧，甚至连白龙马也是龙王三太子）。

其实每所学校都有自己的目标，都会得到上级的支持，都有人才。作为校长，我是怎么当这个指挥员的呢？

2. 定位准确

学校的调是什么？好比唱歌，起调很重要，太高，唱不齐；太低，唱不好。

那么怎样准确定位呢？必须全面分析，把握四个方面：强、弱、机、危。我就拿武溪举例来说明一下。

强：香港余氏宗亲会资金支持，教育局的政策支持（给予服务室用于设点招生），教师队伍年轻。

弱：远离城区，教师年轻，制度落后。

机：学校被纳入城区范围，进步幅度大，可以扩大办学。

危：兄弟学校强大，学生越来越少，招生有困难。

我根据自己的分析，拟订了三年规划（2010—2013年、2013—2016年、2016—2019年），并将三年规划交给教师讨论，让所有教师都知道学校的发展是怎样的。

所以，学校定位准确，目标明确，就能很好地增强教师的认同感，并将这份认同感化作统一的步调。

3. 以身作则

小时候电影看得多，解放军与国民党反动派打仗的时候，解放军的领导都是这样："兄弟们，跟我冲啊！"国民党反动派的军官都是这样："小的们，给我上啊！"

从这里就可以看出，中国共产党必胜；也可以看出作为领导，必须要做到以身作则，冲在前头。

例如，晚自修坐班，学校要求教师两个晚上坐班，副校长三个晚上坐班，我作为校长就五个晚上都坐班，从星期天到星期五才回一次家。请相信，有付出就有收获，当学校提出来初三最后冲刺阶段晚自修每个班必须有两位教师坐班时，意味着每位教师3～4个晚上坐班，但没有一位教师有意见。所以，今年我们能有57个学生考入台山一中。

校长是学校制度的第一执行者，你必须坚决做到。如考勤制度，校长总是迟到早退，你还要管教师的迟到早退，有效吗？我在武溪这样宣布：哪位教师发现余耀洪迟到早退，奖励10分。

作为校长，还要防止放不下架子。你放不下架子，就会高高在上，目空一切，不可一世，只讲派头，这样的话，势必一分派头，三分苦头，教师就不会与你接头，不愿与你交心，学校的工作将会一塌糊涂。

校长的仪态也是非常重要的。校长的一举一动都会引起教师、学生的关注，所以，在学校里，“嚣张”的仪态也是非常重要的。

总之，以身作则是对作为指挥员的校长的起码要求，也是校长领导好一所学校的关键。

4. 调动激情

作为校长，作为指挥员，调动团队的战斗激情非常重要。其中，必须注意两个队伍：一是中层领导队伍，二是班主任队伍。这两个队伍的人数占了50%以上。把这两个队伍的人搞定了，相信学校团队的激情就出来了。

对于中层领导，无非是做好三件事：

一是权力下放。一所学校就是一个小的社会，大大小小的事情一堆，一个校长要想花较少的精力“经营”出师生认可、组织认可、社会认可的好学校，想事半功倍地把学校管理得有声有色，就应充分利用好自己手上的那支无形的“指挥棒”。

所以校长要善于把手中的权力分给副校长、主任、级长。如级长与主任的工作是不同的，给予主任、级长的权力就应不相同。主任的工作是线形工作，级长是面形工作，两种工作不同。所以，对线形工作大部分以副校长为主，面形工作以级长为主。也就是线形工作可以不向你汇报，级里面的工作最好让你知道，甚至是让你参与管理。在武溪，我们采取的管理办法是：层级管理，分线负责；纵向到点，横向到边；分工合作，和谐共处。

权力下放之后，还要注意“收与调”。

二是设定权限。权力既然下放了，为什么又要设定权限呢？

广东省第二教育学院（现广东省第二师范学院）院长肖建彬说过：“学校里一定要有人控制财权与人权。”校长哪里有人权呢？有的，大到中层领导安排，小到班主任工作安排，甚至课时安排，都属于人权，如果校长把这个权力都全部下放给副校长或者主任，从此不闻不问，那么久而久之，校长的威信就会越来越小。

三是注意调节领导之间的关系。各成员之间因为存在知识、能力、气质和分管工作等的不同，难免会产生思维、行为方式上的差异和分歧。

作为核心人物的校长，必须十分重视班子成员的协调平衡。比如，作为校长，如果整天与管财务的总务处主任黏在一起，教师会怎么说？如果总务主任是高调、嚣张的人，那么他就会害了你。在我们武溪，我要求总务处的同志态度要明确：他们是管维修的，班主任发现什么地方坏了，立马告诉总务处，总务处要及时维修，如果不能及时维修则要确定具体的维修时间。

三、做一位好班主任

对于班主任，要做好两件事：

一是面包，就是物质上的鼓励。在学校的有限经费中，校长一定要想办法让班主任看到，你是在为他付出。我在班主任工作会议上明确保证，班主任的待遇比普通教师每月要多500元以上。

一来体现在绩效工资里面。学校规定班主任的绩效工资必须是最高的。说起来惭愧，我的绩效工资在学校里排46名，比所有的班主任都低。

二来体现在学校奖金上面。我们在班主任工作方面的奖励比较多，如一些班级文化评比，星级班级、年级文明班、优秀班主任、模范班主任、班主任结对帮扶等都有奖金，不多，一个奖项平均150元。一个学期下来，人均约1 000元。

我们的想法是让班主任直接感受到面包的存在。

当然有了面包是可以吃饱了，饱了之后就会考虑是否美味了。那好，我们就在面包上加点奶油。

二是奶油，就是精神上的食粮。我们要注意班主任的闪光点，并及时让它发出光芒。如哪个班主任的哪件事做得非常好，你要及时表扬他。在我们学校，每周必开级领导碰头会，会上了解一下级的情况。还有，我给自己设了一个规定，每次教师例会表扬不少于3位教师。

同时，学校有一种思想就是，荣誉向班主任倾斜，所以，在许多荣誉评比当中，不少领导都把自己的荣誉让给班主任，既体现领导的高风亮节，又能激励班主任，更形成一种风气。

另外，学校设立多种班主任荣誉，并展示在校园之内，作为校园文化的一部分。

1. 做制度的推销员

在企业管理中有这样一句话：创业靠老板胆大，发展靠制度伟大。可见制度的重要性。

其实，宏观上，制度是为学校的发展而制定的。但在微观上，从某种程度上说，制度是校长的制度，是为了实施校长的理想而推行的“法规”。所以，校长一定要像董明珠一样，把自己的产品向教师推销。怎么推销才能让教师相信呢？有几个词：科学性、公平性、原则性、灵活性。

科学性，名字听起来挺高大上，你千万不要追求制度的科学性的高度、深度，更不要效仿名牌学校的制度，它的制度不一定适合你的学校。新宁中学的制度相信一定具有科学性，但放在武溪中学或许就不行了。所谓的科学性，就是实际性和有效性。

公平性，世界上没有绝对的公平。这句话非常有哲理，也是切合实际的。对于制度而言，你将制度拟订好，交给教师讨论。一定要讨论，因为一次讨论可以化解30%的矛盾，如果一项制度讨论三次以上，无论什么制度都是可以实施的。能得到80%以上的教师同意，那这项制度就是公平的。

我们武溪中学的绩效工资的差距是非常大的，最高工资与最低工资之间大约差3 000元。虽然有人说不公平，但他也不得不在工资表上签名。我记得2010年年末的时候，学校准备发绩效工资，但教育局规定，必须所有教师都签名才能发，我们重新制定的绩效方案已经让教师讨论通过了，但在签名的时候，还有9个人不签，我就纳闷，为什么不签，在表决的时候都举手了啊。我一看那9个人，其中有一个是非常胆小的，有一个是做科组长的，有两个是懒散的教师，其他都是跟风的教师。我首先找那个胆小的教师过来："老杨，干啥不签名！""校长，他们叫我不要签！""他们叫你不要签你就不签，我叫你签，你签不签？""签！""好，回去，立即签了。"我又找来做科组长的教师，问他为什么不签。"我们的级领导说，领导的绩效肯定要比教师高，心里不爽。""我的绩效比你科组高那么一两百元，心里就不爽吗？就弃学校大局于不顾吗？""校长，我回去签了它。"我又找来那两个懒散的教师，其中一个是体育教师。"为什么不签？""他们的绩效比我们高了太多。""是啊，你早上要训练，下午又要训练，确实辛苦，比班主任还要辛苦，这样吧，你下学期回来，不用训练了，做班主任吧，又轻松又多钱！""不用，校长，我回来立即签名。"

原则性与灵活性，每项制度都是人为的，也是为人的，就算是法律，在法院判决的时候，也会考虑到人的问题。

学校的制度肯定要有原则性，但也不能只讲原则，不讲人情。如考勤制度，相信每所学校都有，都是死死的规定，什么时候上班，什么时候下班，如果一有教师迟到，你就批评他、扣他钱，我估计，你们学校教师的怨气会非常大。

2006年9月份，我在萃英中学任职，有几个教师每天早上在侨联大厦喝完早茶大约8：30才回学校。学校只有一条路进校园，我每天早上6：30就站在校道上迎接教师。实际上，这并不是迎接，而是监督。第一周后，那几个教师还是老样子。我没有胆量直接批评他们，因为有一个是我自己的老师，有一个年龄比较大的，我怕他受刺激。我在了解了他们喝茶的原因之后，做了三项工作：一是在教师例会上表扬早到的教师，特别是那些老教师；二是学校的早餐全部免费提供；三是我仍然坚持每天早上6：30就站在校道上迎接教师，同时抓迟到的学生，让学生并排站在校道上一起等迟到的教师回校。毕竟是教师，无论他的脸皮多厚，也不愿意让校长与学生等迟到的他。这个方法果然有效，第三周开始，那个老教师就走到我面前尴尬地说："校长，我以后不喝茶啦。"

另外，同样是关于考勤制度，太死的规定是不行的。我们学校有四对教师夫妻，他们都有一个孩子，住在学校里，孩子都读小学，下午4点多就放学了，没有人接怎么办？时间上与学校制度有冲突，作为制度的执行者，怎么办？我就把这个权力交到级长手中。级长就厉害喽，拿着鸡毛当令箭："老师，你随便去接吧，校长那里我去应付。"

2. 做文化的营造者

文化是团队运转的润滑剂，文化是团队的灵魂。"没文化真可怕！"

一所学校的文化涵盖的方面非常多，包括校园建筑设计、校园景观、绿化、美化等物化形态的内容，也包括学校的传统、校风、学风、人际关系、规章制度和学校成员在共同活动交往中形成的非明文规范的行为准则。记得有一次吴局长来我校视察工作，对我说："余校，武溪的环境不错，绿树成荫，但只是有绿化，没有文化。"这句话给了我很大的启发，武溪中学绿化是有，但有点杂乱，缺少了一些人文气息。后来我根据学校的办学历史和文化底蕴，将余靖的思想融合在校园中，建设了"仁、和、思、真"四个园区，既美化了校园环境，也为师生创造了良好的思想教育环境。

一所学校好比一个家庭，校长与教师的关系好比"汇仁肾宝"的广告，"他好我也好"——这就很形象、生动、准确地描绘出"校长与教师的关系"了。

所以，校长对学校要有一个"家庭"的概念，把学校当作家庭去经营。当你有了学校是一个家庭的理念之后，就会全力呵护家庭里所有的东西，就会产生"家和万事兴"的效果。

有两样东西，是你必须要做的：

锦上添花，所谓锦上添花，就是在教师的喜事、好事上添一朵花。如周末、节日、假日等，学校会向教师发出问候信息及开展联谊活动。又如教师生日了，校长给予教师一点生日礼物或一句生日问候，也可以令教师非常感动。这一点，我们武溪中学也在做。2010年的时候，我给每位教师都写了一张卡片，根据教师的优点写上一句问候语，送上一朵鲜花、发放一点慰问金，称作“四个一工程”。

不仅要锦上添花，更要雪中送炭。所谓雪中送炭就是校长要为教师承担责任，为教师排忧解难。当你做到了，你会发现，教师会卖命地工作。

校长既是“一家之主”，又是“兄长”。在一个家庭里，是榜样，应该吃苦在先，享受在后，甚至要任劳任怨，既要担负保护“弟弟、妹妹”的责任，也要担负教育引导他们的职责。只有校长爱护、保护好自己学校的教师，对教师负责，教师才会对学生负责。从某种意义上说，把学校当作“家庭”去经营，就能激发教师工作的积极性，引导教师做最好的自己，让其“心动”才能“人动”，才能团结在一起。

中考总结会上，我校的祝敏老师曾说：“很高兴生活在武溪这个大家庭中，因为这里充满了人情味。”这个人情味是从内心发出来的对于人类的热爱与尊重，是一种博爱，是给每一个人的真爱，是要用爱去慢慢体会的。这个人情味就是家的味道。

以前，我与一个管德育的副校长聊天，说到他所在学校的校长的时候，他十分气愤。他们学校的德育处与校长室是相连的，有的家长来学校找晦气，大骂学校、大骂教师，甚至已经快要打架了，校长依然坐在办公室当作没有听见，甚至是关上门不听。

记得有一次，一位家长气冲冲地跑来我办公室，投诉班主任打他的孩子，要求班主任必须向他道歉，态度非常嚣张，甚至还恐吓我。我首先对家长做情绪上的安抚，理解他的焦躁情绪，在交流中了解实际情况，分析班主任的做法，说明学校的立场，强调道歉是必须的，但若要道歉，我这个校长来道歉，因为我觉得，教师是由我这个校长管理的，教师的错误就是我这个校长的错误。

学校做到“三必访”，即喜事必访、丧事必访、难事必访，这更增强了教师对学校的归属感，使他们对学校产生“家”的感觉。这就是“家文化”。

学校的管理其实就是人心的管理，让教师有归属感、温暖感，是学校发展的根本。我们常说要“以人为本”，“本”是本钱，抓住人心就有了本钱。我们这些“一家之主”只要落实“以人为本”的理念，精心营造“家文化”，学校教师在这样温馨的大家庭里工作，就会尽心、尽职、尽责，“家”的事业就会蒸蒸日上。

课题建设之体会

一、从不会做到会做

一般教师接到课题，无论是大课题还是小课题，无论是重点课题还是一般课题，总是一头雾水，不知从哪里入手，觉得比上一个学期的课还难。

教师做了一个课题之后，特别是在有专家指导的情况下，会有一种醍醐灌顶、豁然开朗的感觉，突然有一种感叹："哦，原来也不是想象当中那么难啊，也是一、二、三、四而已，我也会做。"

二、从不想干到想干

课题，特别是省课题，一般情况下，会给人一种高大上的感觉，让人觉得高不可攀。一般教师都会说："哦，省课题与我们无关，特别是农村学校，我们是没有能力做的，都是省的学校开展的。"我也是在2016年才开始做省课题的。

后来，在茂名接受培训的时候，陈林发教授说的一句话让我对课题有了另外一种看法：课题其实不是要求我们研究出什么结果，而是要求教师在研究的过程中对课题有一定的体会，并把体会写出来而已。是啊，教师哪有水平去研究什么，也没有时间去研究什么，教师要做的只是探讨什么、体会什么。那么课题看起来就简单多了，那么教师去做课题就有足够的动力了。

还有一种动力就是评职称，职称评定也增强了教师参与课题研究的动力。此外，我们学校也规定对参与课题研究的教师给予一定的优惠政策。

三、从开始到开始

课题结题不难，只要我们按照要求完成，一般情况下，课题组委会都会让我们过关，难的是如何让课题继续下去。陈林发教授说过：“课题的研究，一般的老师不会得出很高水平的结论，更不能得到高水平的理论体系。有时候大学的教授在庞大的经费支撑下都不能得到高水平的理论体系，更何况没有经费而且事务繁杂的一线老师呢。”

但课题的结题都会给教师一定的经验体会，如果能将这种体会延续下去就是一件非常棒的事情。所以，课题的结题虽然是课题的结束，但绝对不是体会的结束，从另外一种意义上说，恰恰是一种开始。

学生毕业寄语

离别与期待

——2012年初三毕业寄语

亲爱的同学们：

大家好，弹指一挥间，三年的初中生活就要过去了，你们将背起行李，离开生活了三年的母校，在离别的一刻，跟你们说“再见”有点伤感，舍不得。但你们成长了，你们要起飞了，作为母校、老师，能舍不得吗？在此，我代表全校老师，衷心祝愿同学们身体健康，人生路上顺利如意。

同学们，现在，校长有一个小请求，请认认真真看一看站在你们面前的老师，想想他过去和你们在一起的日日夜夜，他骂过你们、说过你们、唠叨过你们，甚至打过你们，你们记恨他吗？你们再认真看一看站在你面前的老师，他关心你们、关爱你们，为你们的落后而伤心，为你们的落败而落泪，为你们的成功而骄傲，和你们一起在比赛场上呐喊，一起沉浸在成功的喜悦中，一起漫步在校园小路上，多少个日夜为你们辅导，多少个日夜为你们担心，你们感激他吗？中考到了，无论是晴天还是雨天，老师们都亲自带你们到考场，用目光送你们走进考场，没有落下一位同学，确定没有出问题才放心转身走回办公室，你们想过老师的目光没有？关注过老师的目光没有？它包含着关心、期待、爱护！我感动着，我想，你们也一样，因为我们都拥有一颗感恩的心。同学们，请你们说出心中的感激：“老师，谢谢你！”“老师，我爱你！”

今天是个特殊的日子，是你们圆满完成初中三年学业的日子，是你们真正离开母校的日子。请你们记住班主任老师的容貌，千万不要忘记！同时，你也要看看你的同桌、你的同学，想想他对你的帮助与关心，千万不要忘记初中三年的同窗情谊。

在这离别的一刻，校长还要叮嘱你们，请记住四条纪律：第一条，不准到营业性酒吧、歌舞厅搞庆祝活动和酗酒；第二条，不准成群结队在公路上、街道上溜冰，不准驾驶机动车辆；第三条，不准结伴到野外郊游、探险；第四条，不准在没有家长陪同的情况下到水库、河流、池塘等水域游泳。为了自己，为了父母，也为了别人，请记住这四条纪律。

同学们，没有比脚更长的路，没有比人更高的山。敢问路在何方，路在脚下。你们将带着老师的期望走向漫漫征途，希望你们记得常回母校看看，看看校园的变化，听听老师的唠叨，谈谈自己的感受，说说你们的成功。母校将一直在这里守望，祝福着你们，期待着你们！

再次祝福各位同学，祝愿你们的明天更加美好！

谢谢！

带着理想走向未来

——2013年初三毕业寄语

亲爱的同学们：

恭喜你们，毕业啦！

月有阴晴圆缺，人有悲欢离合。而今，我和各位同学就沉浸在古人的这一精辟话语的浓浓氛围中。

这一刻，我头脑里首先涌动的是阵阵感动。感谢你们三年前选择了武溪中学，因此我才有缘见证了你们畅游于书海题渊中的勤奋刻苦、聪明睿智、阳光友善、坚强有礼；我才有幸分享了你们成长中的烦恼郁闷、顽皮叛逆和时不时展示的点点“小聪明”，偶尔创新的一个个“小偏差”，尤其是你们今天考试后的阵阵欢呼和快乐；我才有缘分与你们成为校友、朋友。同学们，谢谢你们！

同时，我心里还涌动着阵阵感恩之情，感谢我们老师1 000多个日夜无怨无悔的教育，使同学们的成绩排在全市第五；感谢我们初三级全体老师的共同努力，使2013届成为武溪中学有史以来最优秀的一届；感谢你们面前的老师勤勤恳恳的工作，使学校各项工作迈入台山市先进行列，也使学校成为台山市优秀学校。

同学们，武溪中学教育你的重点不在于你掌握了多少知识，而在于你是否学会礼貌，是否学会独立，是否学会生活，是否学会感恩。你在准备迈出学校，迈进人生另一个历程时，有想过陪伴你三年的老师吗？他可能批评过你、唠叨过你，甚至骂过你，你可以记恨他，但你也必须知道他无时无刻不在关心你、关爱你、支持你。老师批评你是因为你习惯没有养成，老师骂你是恨铁不成钢！老师默默地站在你们身边，为你们的落后而伤心，为你们的落败而落泪，为你们的成功而骄傲，和你们一起在比赛场上呐喊，一起沉浸在成功的喜悦中，多少个日夜为你们辅导，多少个日夜为你们担心，你们能记恨他吗？你们能忘记他吗？难道你们不应该感激他吗？如果你们会感恩，如果你们想感谢他们，同学们，机会来了，跟我一起大声说句："老师，谢谢您！"

同学们，放假啦，你可以轻松，但绝不能放纵，为了自己，为了父母，不要到营业性酒吧、歌舞厅搞庆祝活动和酗酒；不要驾驶机动车辆；不要结伴到野外郊游、探险；不要在没有家长的陪同下到水库、河流、池塘等水域游泳。切记，切记！

从明天开始，你们将带着自己的理想走向未来，在漫漫的征途中，母校与老师会一直与你们一起承受压力，一起享受成功。祝福各位同学，祝愿你们明天更加美好！

谢谢！

维护心中的美

——2014年初三毕业寄语

亲爱的同学们：

激动人心的时刻来了！恭喜你们，毕业啦！请用你的掌声庆祝一下吧！

同学们，三年转眼就过去了，三年前你还是一个毛毛头，你的父母"狠心"把你丢在武溪中学，目的是让你学会做人、学会生活、学会学习。三年过去了，你们经历了叛逆、纠结和欢笑，现在请静静地想一下，在武溪，你学会了什么，你学会了多少？

常言道“同船共渡三分缘”，蓦然回首，那段用汗水铺成的道路写满了师生情谊。此时此刻，你是否想起陪伴你三年的老师？他可能批评过你、唠叨过你，甚至骂过你，你可以记恨他，但你也必须知道他无时无刻不在关心你、疼爱你、支持你。老师批评你是因为你违反班规校规，是因为你身上的坏习惯多，是因为老师恨铁不成钢！你是否记得，多少个艳阳高照的白天，多少个星星满天的夜晚，从开始的懵懂无知到现在的成熟理智，从开始学枯燥的拼音字母到能写优秀的作文，老师陪伴你们埋头苦读的身影，陪伴你们嬉笑打闹的场景……“春蚕到死丝方尽，蜡炬成灰泪始干。”在美丽的武溪校园，老师与你朝夕相处，笔墨相亲，晨昏欢笑，情如手足，义重泰山，不知为你们操了多少心，流了多少泪。你能记恨老师吗？你能忘记他吗？难道你不应该感激他吗？如果你会感恩，如果你想感谢老师，同学们，机会来啦，跟我一起大声说：“老师，谢谢您！”

当你带着笑和泪向初中生活说“再见”时，武溪中学的点点滴滴将成为美好的回忆，让我们且行且珍惜吧！无论你将来在哪所学校读书，一定要记住“武溪”这两个字，她是你的母校，她对于你来说有着重要的意义。你知道什么是母校吗？母校就是那个你一天骂它十遍八遍却不许别人骂的地方。当有一天你们聚会了，可以走在一起大骂余耀洪，但如果有人骂武溪中学的时候，有人骂武溪老师的时候，你一定要勇敢地站出来，因为你是武溪老师教出来的，你是从武溪中学走出来的。你不站出来维护武溪中学的形象，就等于不维护自己的形象。如果你能站出来，那我要感谢你。

这就是我们心中的美！武溪成为我们共同的美！你们将带着这些美踏上新的征途，会遇上新的难题，面临着无数困扰，请不要害怕，因为有我们——武溪！记住，老师的臂膀永远是你最温暖的依靠，母校永远是你情感依托的港湾。

最后，祝福在座的全体同学，祝愿你们明天更加美好！谢谢！

勇于担当　成就人生新时代

——在2015届毕业考试后的寄语

尊敬的各位老师、亲爱的同学们：

大家好！

凤凰花开，骊歌唱响。每到这个季节，就到了和各位同学说再见的时候，我跟每位老师一样，心中总会生出一种难以言说的复杂情愫——既欢乐相送，又依依难舍；既充满欣喜，又惆怅连连。首先，请允许我代表全校老师向同学们致以最热烈的祝贺和最美好的祝福！向所有为你们的成长辛劳付出、默默奉献的师长们，致以最崇高的敬意和最衷心的感谢！

同学们，你们就要离开母校了，我希望你们记住，在“武溪精神”里面有个“真”字，它的意思就是要求我们做人真诚、正直、勇敢。你们是当代的年轻人，你们是未来世界的主人。毛泽东同志说过：“未来是我们的，也是你们的，但归根结底是你们的。”我希望你们都能成为勇于担当、敢于担当的一代年轻人；期望你们学会担当社会责任，期望你们学会担当家庭责任，期望你们能够担当起党和人民赋予的历史重任，在激扬青春、开拓人生、奉献社会的进程中书写下无愧于时代的壮丽篇章。

同学们，你们就要走出校门了，我由衷地希望你们走出这美丽的武溪校园后，都能面对大海和蓝天深深地吸上一口气，轻轻地说一句：“我毕业了！我长大了！”一个人在成年之前，他理所当然地要得到他人更多的帮助与照顾；一个人在成年之后，他也就理所当然地要更多地帮助和照顾他人。你们的成长是你们的家人、你们的朋友、你们的师长、你们的学校、你们的国家、你们的社会给予你们帮助和哺育的结果，你们一定要牢牢记住每一个帮助过你们的人，你们要常怀感恩之心，要有大爱情怀，当他人、社会、国家有需要时，你们要毫不犹豫地挺身而出，伸出双手，贡献力量。

同学们，你们就要离开我们了，老师开心，因为你与我们走过了不平凡的三年，因为你已经成长了，走上了新的人生时代；老师也伤心，因为你的校园生活成了老师的记忆，因为老师要和你离别。在今天这个离别的日子里，我希望同学们能在离别的这一刻怀着感恩的心向我们敬爱的老师说声："老师，谢谢您！"

最后，祝各位同学鹏程万里，一路平安！

谢谢大家！

让未来更加美好！

——在2016届毕业考试后的寄语

尊敬的各位老师、亲爱的同学们：

大家好！

首先，恭喜你们穿过了人生第一个隧道——中考，爬上了人生第一个小坡——高中。从今天开始，你可以大声对自己说："考试不外乎就一丁点儿的事儿，没有什么大不了！"

当人从长时间的紧张疲惫中一下子解脱出来，十有八九会进入失重状态，苦闷了这么久，终于放假了。你可能想尽情地玩，甚至要带点报复和肆意的快感。这很正常，在这里，我只是提醒你，安全！安全至上！日子还长，你慢慢来，父母生你不容易，养你更不容易。今年6月9日高考刚完，广东揭阳市有4名同学相约游玩，结果4名学生都溺亡。四川省松潘县松潘中学初三（2）班的21名毕业生相约玩水，结果发生溺水事故，导致5名学生经抢救无效死亡。你们记住，学校是不允许你们私下到水库、河流、海边游泳的。你要记住，你的生命不仅属于你自己，还属于父母、老师、同学。同学们，且行且珍惜！

两个月说长不长，说短不短，两个月后，你就是一名高中生了。然后，你会发现，你上当了，高中没有你想象中那么自由与高大上，高中没有你的母校那么可爱，高中老师上课比不上初中的老师。初中的老师虽然是一群情商、智商不怎么高的人，但是他们谨慎胆小，善良心好，陪你成长，一起欢笑。你还记得老师每天晚上为你们辅导的身影吗？你还记得6月20日穿上红色衣服，站在考场边默默为你们祈福的老师吗？你记得级长给你们买的棒棒糖吗？这些，你任何时候想起来，都是那么温馨与幸福。

同学们，你们就要离开我们了，老师开心，因为你与我们走过了不平凡的三年，因为你已经成长了，走上了新的人生时代；老师也伤心，因为你的校园生活成了老师的记忆，因为老师要和你离别。在今天这个离别的日子里，我希望同学们能在离别的这一刻怀着感恩的心向我们敬爱的老师说声："老师，谢谢您！"

最后，祝各位同学鹏程万里，一路平安！

谢谢大家！

秉承武溪精神，创造美好未来

——2017届毕业生的毕业寄语

尊敬的各位老师、同学：

今天是一个隆重而又特别的日子，我们热情相聚的方式与地点更加特别。在这里，为你们、为武溪中学2017届初三同学举行一个特别的毕业典礼。

这是一个特别的时刻，它标志着同学们初中时代的结束，青春岁月新征程的启航。母校祝贺你们顺利完成初中学业，祝贺你们在品德修养、知识能力、身体素质等方面的长足发展和进步，祝贺你们勇敢面对中考挑战，胜利完成人生第一个重大的转折。

此时此刻，你们首先要感恩父母，是他们哺育了你们，用辛劳与汗水成就了你们的今天。你们还要感恩老师，是武溪可亲可敬的老师用他们的赤诚、大爱和智慧助你们走向健康、成熟。此时此刻的你是否应该对着你的老师大声喊出来："老师，谢谢您！"

同学们，此时此刻，你们更要感谢自己。父母和学校无论给你们提供了怎样优越的外在条件、环境，如果自己甘于平庸，不思进取，你们的青春也将黯淡无光。大家知道，自我教育是武溪办学的灵魂。三年来，正是你们每一个生命个体的自我服务、自我管理，才铸就了你们这个初三集体的与众不同和卓尔不群。

所以，在今天这个特殊的日子里，我想特别地嘱咐你们，在今后漫长的人生旅途中，无论是顺境还是逆境，无论是幸福还是艰难，你们都要做自己生命的主人，都要把握自己前行的航向。只有这样，你们才能感受生命的神圣与崇高，享受人生的绚丽与幸福。

今天，还是个回忆的日子。此时此刻，初中三年有多少往事让你们挥之不去，有多少成功和失败、喜悦和伤感留在你们记忆深处。它们都是你们生命的贵客，只有它们同时走进你们的生命大厦，你们的生活才会如此色彩斑斓。武溪的林荫大道、荷花假山、绿茵场地，也才因此而融入你们生命成长的倩影之中。母校必将是你们生命的底色，你们必将是母校历史的珍藏。

今天还是一个盛满人生期待的日子。神州与世界蕴藏着无数的憧憬、梦想，召唤你们用坚韧和智慧去拥抱它。你们的生命之旅刚刚开始，前行之路必定会遭遇冬天和春天的交替，这是规律，任何人都无法逃离，愿你们以海阔天空般的胸怀、豪迈高远的心态、坚强刚毅的品格、积极向上的个性，迎接各种机遇和挑战，成就自己理想的人生。

同学们，总而言之，今天是你们生命之舟启航的日子。今天，你们是学校的桃李；明天，你们是社会的栋梁。从今天起，你们将以一名成年人的身份走向波澜壮阔的人生舞台。成年标志着成熟，意味着责任，意味着要肩负起家庭和社会的双重使命，愿你们光大武溪使命与担当的文化，秉承武溪“仁和思真”的精神，成长为对家庭、国家有用的优秀人才。

只有这样，你们才无愧于武溪人，才无愧于我们这个伟大的时代。同学们，今天我把这句话郑重地赠予在座的各位——衷心祝愿同学们不负此生成大业！

为自己的梦想而努力奋斗！

——2018届毕业生的寄语

尊敬的各位老师、亲爱的同学们：

大家好！

同学们，还记得我在5月8日早上在飞机头跟你们说的两句话吗？第一句是：为圆自己的梦想而努力争取。今天，我把这句话稍微改动一下：为自己的梦想而努力奋斗。我把这句话作为毕业礼物送给你们。

你想奋斗就必须做到三点：

第一，安全。

同学们，没有什么比安全更加重要，没有什么比生命更加可贵。

当人从长时间的紧张疲惫中一下子解脱出来时，十有八九会进入失重状态。苦闷了这么久，终于放假了，你可能想尽情地玩，甚至要带点报复和肆意的快感。这很正常，在这里，我只是提醒你，安全！安全至上！日子还长，你慢慢来，父母生你不容易，养你更不容易。溺水事件每个月都有，远在黑龙江，6月11日，一个体校发生溺水事件，导致4名学生死亡；近在开平市，5月29日，有2个孩子在没有父母陪同的情况下到游泳池游泳，结果溺亡1人。我记得，2016年四川省松潘县松潘中学初三（2）班的21名毕业生相约玩水，结果发生溺水事故，导致5名学生经抢救无效死亡。你们记住，学校是不允许你们私下到水库、河流、海边玩水、游泳的。你们要记住，你们的安全不仅属于你们自己，还属于父母、老师、同学。同学们，且行且珍惜！

第二，学习。

习近平同志说过："国势之强由于人，人才之成出于学。"学习是我们永恒的话题。我们不能因为中考结束而停止学习，恰恰相反，中考结束是你们学习生涯的另一个开始。暑假只是你一个短暂的休息时段，你可以利用它好好休息，但千万不能把暑假作为放纵的时间，让暑假成为毁灭自己前途的魔鬼。因此，我要求你们不能自己到营利性娱乐场所活动；不能参与打架；不能随便将无聊视频放到网上，同学们，别人转发你的视频500人以上就违反社会治安条例，甚至违法；不能参与社会赌博等违法活动；建议你们利用暑假时间多多学习。

第三，感恩。

同学们，三年时间，说长不长，说短不短，往前看，非常长；往后看，就像昨天一样。想想当初你踏进武溪第一步的时候，你是多么得稚气未脱、幼稚可爱。你身边的老师骂你、说你、爱护你，无论怎样，他完全是一种恨铁不成钢的心态。你的老师虽然是一群情商、智商不怎么高的人，但是他们谨慎胆小，善良心好，陪你成长，和你一起欢笑。你还记得老师每天晚上为你们辅导的身影吗？你还记得6月20日穿上红色衣服，站在考场边默默为你们祈福的老师吗？你们有看到我对你们期待的眼光吗？

同学们，你们今天就要离开我们了，老师开心，因为你与我们走过了不平凡的三年，因为你已经成长了，走上了新的人生时代；老师也伤心，因为你的校园生活成了老师的记忆，因为老师要和你离别。在今天这个离别的日子里，我希望同学们能在你离别的这一刻，怀着感恩的心向我们敬爱的老师说声："老师，谢谢您！"

最后，祝各位同学鹏程万里，一路平安！

谢谢大家！

为中国强大而努力奋斗

——2019年毕业寄语

亲爱的老师、同学们：

大家下午好！

同学们毕业了，开心吗？开心，从你们的呐喊声里听得出你们真的挺开心的。毕业了，这个时刻你应该开心。开心之余，有个问题校长想问问你们："你们会想校长吗？"还有一个问题："你们会想老师吗？"

同学们，三年啊，三年时间说长不长，说短不短。想想三年前，你从小学毕业到了武溪中学，你还是一个小屁孩，你要仰着头跟老师说话。今天毕业了，你比老师还要高，老师要仰着头跟你说话了，你成长了。三年来，老师与你们一起学习、一起生活、一起成长，想一下，你们成长了三年，老师却老了三年，这三年当中，老师为了你们伤了多少次心，为了你们笑了多少次，哭了多少次。虽然你们一次次伤老师的心，虽然一次次大声骂他们，但老师心底从未放弃过你们。毕业了，校长有个小小的请求，每个班里派出一个代表到讲台上拥抱一下我们的班主任、科任老师，其他同学鼓掌，我看看哪个班最快。

虽然，我看不到同学们的脸，但我知道肯定有同学掉下了不舍的眼泪。三年的感情不是一滴、两滴眼泪就能割舍的，我相信，武溪、班主任、科任老师会永远在你的心中。

同学们，毕业了，你的理想是什么？无论你有还是没有，我一定要告诉你：为中国强大而努力奋斗！

没有中国的强大，就没有今天的生活，就没有我们的尊严。作为一名中国人，作为一名中学生，我们要不断发愤图强。

对，我们没有理由不努力，没有理由不发愤图强，没有理由不为祖国奉献自己的青春。

在你准备着为国家奉献的时候，务必保证自己的安全，没有安全，就没有生命，又谈什么为国家奉献，为自己理想而奋斗。所以你无论在任何时候都要时刻记住“生命没有第二次”。

最后，祝愿同学们毕业快乐！祝愿同学们前途无量！谢谢！

“余耀洪名校长工作室”工作理念

一、定好一个理念：育有教育情怀的校长

教育是一项伟大的事业，教育的初心就是为孩子谋幸福，为国家育人才。而校长是一个学校的灵魂，作为一校之长，必须要有强烈的事业心、进取心和责任心，兢兢业业地工作，为学校发展制订科学规划；默默无闻地奉献，时刻用为人师表来要求自己，想方设法发挥每位教师的优点，挖掘每位教师的潜力，创造出最高的教育效率。只要校长一心为公，教师就会心无杂念；只要校长严于律己，教师就不会放任自流；只要校长力争上游，教师就不会不思进取。所以，一名优秀的校长要胸怀宽广，有教育情怀，大爱无疆。上行下效，这样才能把学生真正培养成社会主义事业建设的接班人。

二、凸显两个作用：自我提升，团队提高

工作室坚持理论学习与实践锻炼、引领示范与主动参与、个体研修与团队合作、共同提高与个性发展相结合的原则。

1. 自我提升

以工作室成立为契机，立志提升自己。工作室成员要基于学校和自身实际进行有针对性的研究，发现、研究和解决学校及个人发展中的问题，探索构建新课程背景下适合学生成长的学校基本架构，促进学校的不断发展，实现自身素质的不断提升。

2. 团队提高

工作室倡导协作共享、追求卓越的组织文化。工作室成员要依靠工作室团队力量，加强对所在学校的诊断和剖析，走协同攻坚、探索创新之路，努力达到校长共同成长、学校共同发展的目标，力争将各成员所在学校的整体水平

提升至全市平均水平之上。工作室将工作重点放在业务管理、口才表达、总结写作、协调沟通等能力训练上，致力于打造出色的校长工作室平台。

三、做好三项研究

1. 课题研究

做好课题是校长办学的一种能力。我们的课题定位在“注重过程”的意义上，注意把要解决的问题弄清楚，把要研究的问题理清楚，把研究的成果说清楚等。我们通过课题研究来解决学校发展中遇到的难题，立足本校，着眼于学校未来发展、全盘规划、正确导向，秉着“他山之石，可以攻玉”的思想，借鉴经验，学习科学的思维方式和先进的教育理念，“寻找属于自己的天地”，开展具有本校特色的课题研究，做好顶层设计、局部推进。同时多向专家学者和省内外名师学习最前沿的教育理论，多参加高层次的课题研究交流，不断开阔视野，借脑借力促进成员自我成长，使每个成员更加专业，更有卓识，更具特色。

2. 管理研究

校长的工作侧重点在于学校管理，管理教师、管理德育、管理教学、管理内务是校长的必备功课。在两年内，从管理人、管理物、管理生、管理课四个层面开展管理研究，必须让成员具备顶层设计的管理思路。

校长在教育管理的过程中要给教师和学生灌输“我是学校的主人”这样的思想，尊重教师的主体人格，同时让学生成为学习的主体，让学校的每个人都有事可做、有责可担。要使学校发展得更快，校长就要学会用人，但更重要的是会育人，只有会育人才能保证教师的可持续发展，才能保证学校的可持续发展，所以作为校长还应有“领先一步”的思想，经营“品牌教师”的意识和策略。“品牌教师”就是学校不可替代的主体，管理教师，应给予其信任，让教师成为自己的“设计者”；大胆用人，让“不可能”成为可能；营造氛围，让人才“自由”成长；关爱教师，让教师无“后顾”之忧；激励教师，让教师“肯定”自我。各成员要明确，在学校管理中，校长更多的应该是扮演决策、引导、协调的角色。

3. 教学研究

教学工作是学校的支柱，学校没有教学就等于没有身躯，教学研究是工作室研究工作中的重中之重。教学研究的主要设想是以“课题研究”为切入点，以各成员的办学实践为主线，以日常细节为研究方向，以促进学校发展为研究目标，深入剖析教学中存在的问题，让学校的教学工作研究更透彻、更深入，进一步提升校长的办学能力，提高每位成员所在学校的教学质量，有效推动学校发展。

四、完成四大任务

1. 根植校园

作为校长，在教育管理过程中一定要有实践精神，深入一线，深入了解教师及学生，深入教研组，才能掌握第一手材料。工作室成员的各项研究工作必须扎根于校园，一切以校园为基础，一切以教师管理、学生学习、校务管理为基础，开展相关的学习与活动。

2. 思想升华

通过讲座示范、交流研讨、实地考察、外出学习、情感交流等形式进行思想碰撞，深化思维，经过两年时间的努力，把工作室成员的思想精神全部提升到“有教育情怀”的层面。工作室要求各成员每学期开设教师培训讲座（报告会、研讨会）不少于1次，每学期撰写至少1篇课题管理反思、教育案例或教育随笔等。

3. 成果展示

我们对工作室工作及活动动态进行有效跟踪，及时总结成功经验，改进工作中的不足，形成理论成果，并且将两年来的所学经验形成论文、案例、体会，结集出版。同时工作室定期举办“校长论坛”，以论坛形式展示自己的跟学成果。

4. 示范引领

我们以工作室为契机，集工作室团队力量，辐射其他成员学校，并带领成员学校进步，不断提升工作室的成效与知名度。工作室通过“送教下乡”“同步课堂”“同课异构”等形式，实施精准教学帮扶，共享资源、共享智慧、共享理念，周期内最少引领一所学校进步，幅度不少于5个名次（最少一级）。